JN439094

산업전쟁 5

(Industrial War The Five)

글로벌 산업전쟁에서 승리하기 위한 미래전략

산업전쟁 5

INDUSTRIAL WAR THE FIVE

한국디스플레이산업협회 · ADL KOREA · 매일경제 TV 지음

매일경제신문사

서문

IT 디스플레이 산업은 우리나라의 수출과 경제성장률을 끌어올린 효자산업이다. 2013년 대한민국은 세계 디스플레이 시장에서 45.2%의 점유율을 차지하며 1위를 기록했다. 우리나라는 LCD[1], PDP[2] 분야 모두에서 세계적인 경쟁력을 보유하고 있으며, 세계에서 가장 큰 디스플레이 개발과 혁신적인 상품을 선보이며 세계 시장을 선도해오고 있다.

그러나 작금의 상황은 세계 최강의 대한민국 디스플레이 산업을 마냥 환호할 수만은 없는 형국이다. 중국의 위협과 일본과의 기술 격차 사이에서 결코 안전할 수 없다. 디스플레이 산업뿐만 아니라 전 산업에서 중국의 위협에 그야말로 숨이 턱턱 막힐 지경이다. 지난 6년간, 글로벌 비즈니스 경쟁력 순위에서 대한민국이 14단계 하락하는 동안 중국은 25단계 상승하면서 초고속으로 우리를 추격해왔다.

과거 세계의 공장이라 불리던 중국의 이미지는 이제 '주식회사 중국(Corporate China)'으로 변신하고 있다. 중국이 담당하던 역할은 동남아시아와 남아프리카, 남미 등으로 이동하고, 중국은 부가가치가 높은 첨단 제품에 집중하고 있다.

중국의 추격 못지않게 일본의 위협도 만만치 않다. '잃어버린 20년'의 늪에 빠져있던 일본도 산업 경쟁력 회복에 나서며 우리와의 격차를 벌려가고 있다. 그야말로 우리 산업은 '넛 크래커(Nut Cracker)'의 위기를 눈앞에 두고 있다. 죽느냐 사느냐의 갈림길에 서 있다 해도 과언이 아니다.

이처럼 세계 시장엔 국경을 초월한 산업전쟁이 벌어지고 있다. 이는 과거 무역전쟁과 비교할 수 없는 엄청난 파괴력의 전쟁이다. 무역전쟁에서의 실패는 수출 타격에 그치지만, 산업전쟁에서의 실패는 국가를 큰 위기로 내몰 수 있다. 물론 우리나라도 산업전쟁의 소용돌이에서 예외가 아니다. 앞서 언급했듯 세계 최고라 자부했던 디스플레이, 반도체, 철강, 조선 등의 산업은 이미 산업전쟁의 치열함 속에 경고등을 울리고 있다.

그렇다면 대한민국이 산업전쟁의 소용돌이에서 살아남고 위기에서 벗어날 방법은 있을까? 다음 10년을 대비하고, 다음 100년을 계획하려면 어떻게 해야 할까?

이에 한국디스플레이산업협회, 아서디리틀(Arthur D. Little

Inc., 다국적 컨설팅 기업), 매일경제TV M머니는 대한민국 산업의 대표주자인 디스플레이 산업을 중심으로 이에 대한 방안을 찾기 위해 고민했다. 세계 유수 기업의 사례 분석과 디스플레이 업계 전문가들의 의견을 토대로 일본과 중국 사이에 끼인 우리 디스플레이 산업이 산업전쟁에서 살아남는 해법을 모색해보았다.

그 결과 다섯 개의 승리 어젠다를 도출해냈으며 이는 '먼저 시장을 창조하라', '열린 협력을 추구하라', '스타트업 방식으로 키워라', '스마트 생산을 시작하라', '미래 맞춤형 정책을 세워라'였다.

다섯 가지 어젠다는 비단 대한민국 디스플레이 산업뿐만 아니라 전 사업계와 정부 등 모든 분야가 함께 변화하고 나아가야 할 방향이기도 하다. 이를 통해 중장기적으로 업(業)을 재조명하고 근본적인 경쟁력을 키워나가야 한다. 이것이 바로 대한민국 디스플레이 산업을 비롯한 모든 산업이 세계 시장에서 주도권을 잡고 글로벌 산업전쟁에서 패권을 잡는 열쇠가 될 것이다.

과연 승리의 어젠다를 실천해 우리는 승기를 잡을 수 있을까! 지금부터 대한민국 디스플레이 산업의 희망 찾기를 시작해보자.

저자일동

CONTENTS

서문 · 4

01

산업전쟁, 세상을 바꾼다

새로운 승자의 탄생 · 10
패자의 교훈, 운명의 갈림길 · 27

02

디스플레이 강국, 대한민국

세계 1등 대한민국 디스플레이 · 42
디스플레이 경쟁우위 · 46
제1차 산업전쟁 승리 · 63

03

제2차 디스플레이 산업전쟁

넘버원의 위협과 기회 · 70
제 2차 산업전쟁 발발 · 112

04

승리의 어젠다, 산업전쟁 The Five(5)

대한민국 디스플레이 산업의 미래 · 116
먼저 시장을 창조하라 · 119
열린 협력을 추구하라 · 134
스타트업 방식으로 키워라 · 147
스마트 생산을 시작하라 · 168
미래 맞춤형 정책을 세워라 · 179

에필로그 · 185
주석 · 189

01

산업전쟁, 세상을 바꾼다

Industrial War The Five

1 새로운 승자의 탄생

추격자 중국

과거 국가 간에 벌어지던 무역전쟁은 기업 간, 산업 간의 경쟁으로 이어지며 그 치열함을 더해가고 있다. 갈수록 기업에는 높은 수준의 경쟁력이 요구되고, 관세를 높이거나 수입 절차를 까다롭게 하는 등의 무역 규제조치는 더 이상 자국의 기업과 산업을 보호하지 못한다. 산업전쟁의 승자는 해당 산업을 지배하며 강자로서 독식의 자리에 올라서지만 산업전쟁의 패자는 국가와 기업, 가계 등 경제 주체 전체의 존립마저 위태롭게 할 정도다. 이는 IT[3], 제조, 금융, 서비스 등 분야를 막론하고 벌어지는 현상이다.

글로벌 경쟁 패러다임이 무역전쟁에서 산업전쟁으로 옮겨가면서 주목받는 곳은 바로 중국이다. 그동안 '세계의 공장'이라 불리

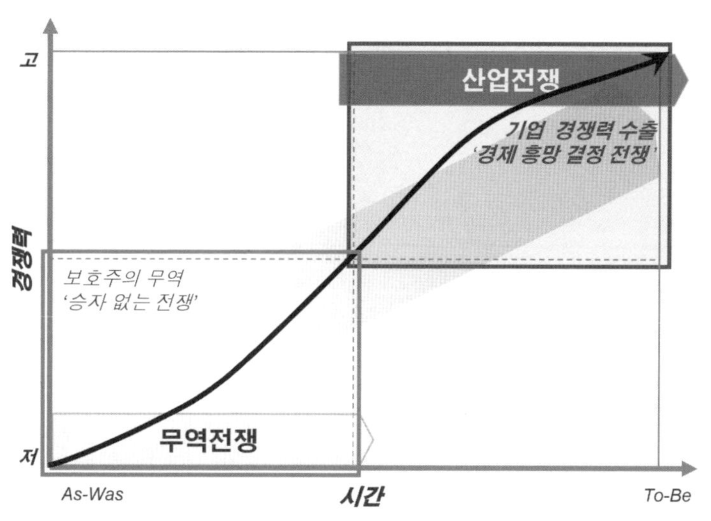

던 중국은, 산업전쟁의 패권을 하나둘 장악하면서 이제는 부가가치를 창출하는 국가로 경쟁력을 높여가고 있다. 특히 앞으로 더욱 치열하고 거세질 것으로 전망되는 산업전쟁의 시대에 중국 기업과 산업의 성장은 세계 기업들에게 실로 위협적이다.

그만큼 노동력의 중국, 저임금의 중국은 이제 옛말이 되었다. 이미 중국의 산업은 거대 자본력과 결합하며 노동집약적 구조를 벗어나 기술집약적 형태로 거듭나고 있다. 한국을 추월하고 일본

산업전쟁 중심축의 급속 이동

을 능가할 정도의 역량도 빠르게 쌓아가고 있다. 중국의 약진 속에서 글로벌 산업전쟁의 중심축도 일본에서 대한민국을 거쳐 중국으로 이동해가고 있다.

일본은 과거, '글로벌 최고의 IT전자 제국'이라는 명성을 가지고 있었다. 그러나 세계 IT산업의 패권을 쥐고 있던 소니[4], 샤프[5], 파나소닉[6], 도시바[7], 히타치[8] 등 많은 기업이 대한민국 기업과의 경쟁에서 밀려나기 시작했다. 과거의 영광을 재현하기 위해 이들 기업은 TV, 디스플레이 등의 생산을 줄이는 등 사업 합리화에 나섰지만, 회복은 쉽지 않았다. 그 사이 대한민국은 많은 분야에서 경쟁우위를 선점하기 시작했다. 반도체[9], 디스플레이[10], TV, 휴대폰, 철강, 조선, 건설 등 경쟁이 치열한 영역에서 글로벌 순위권에 꾸준히 이름을 올렸다.

이러한 대한민국 산업의 약진은 세계의 이목을 집중시켰다. 하지만 중국은 대한민국 산업의 글로벌 경쟁력을 이내 추격해왔다. 조선, 철강, 건설 등 우리나라가 세계적인 경쟁력을 지켜왔던 산업에서도 중국 기업의 추격은 가히 위협적이다. 짝퉁 기술, 저급 기술이라 인식돼오던 중국의 IT와 전자분야의 약진도 마찬가지다. 화웨이[11], ZTE[12], 레노버[13] 등 중국의 주요 기업들은 이미 대한민국 기업을 바짝 추격해온 상태다.

한·중·일, 희비의 쌍곡선

중국의 추격에 쫓기는 대한민국의 산업 경쟁력은 통계를 통해 더욱 극명하게 드러난다. 일본의 경쟁력이 뒤처지고 위기에 놓여 있다고 하지만, 여전히 일본은 안정적으로 10위권을 유지하며 글로벌 경쟁력 지수에서 상당한 우위를 점하고 있다.

그러나 대한민국의 글로벌 경쟁력 지수의 출렁임은 급격하다. 2007년 11위였던 순위는 2013년에는 25위로 6년간 14단계나 하락했다. 그러는 사이 중국은 2006년 54위에서 2013년 29위로 7

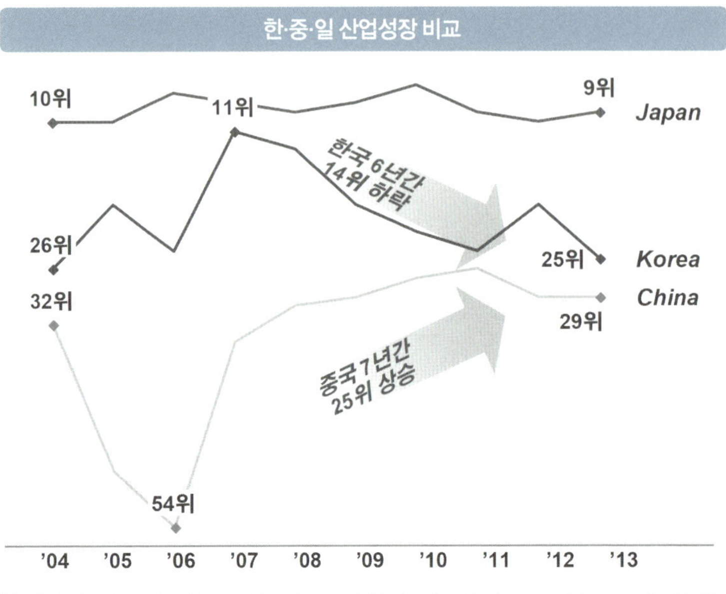

WEF(World Economic Forum) Global Competitiveness Report 2004-2013; 2)'13년 기준

년간 25단계나 상승하며 무서운 속도로 추격해왔다.

이를 산업별로 세분화해 비교해보도록 하자. 다음은 대한민국의 산업 경쟁력을 100으로 했을 때 중국 및 일본의 경쟁력을 상대적으로 비교 분석한 것이다.

반도체 산업은 대한민국이 중국과 일본보다 상당한 경쟁우위를 점하고 있는 것으로 나타났다. 하지만 대한민국이 전통적으로 강세를 보였던 조선, 자동차, 철강에서는 이미 중국에 크게 밀리는 모양새다. 이러한 추세를 봤을 때, 앞으로의 경쟁력 격차는 어

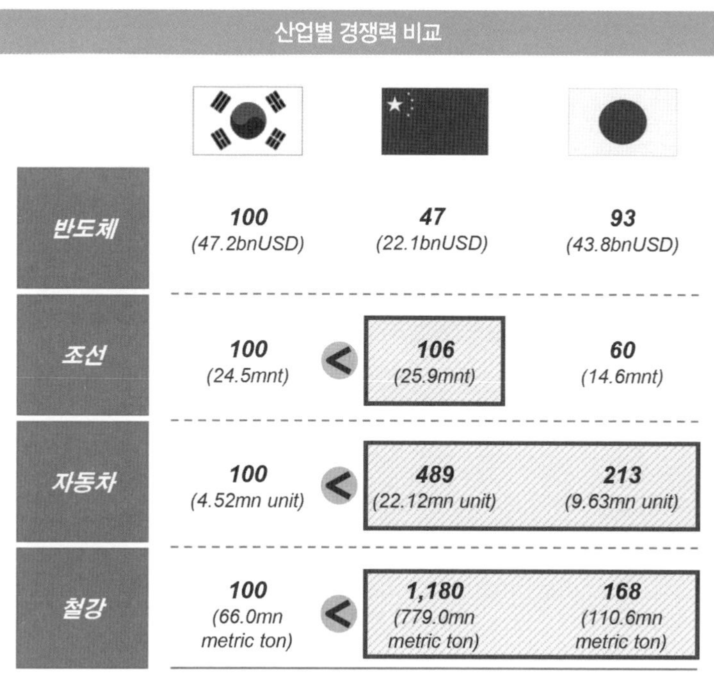
산업별 경쟁력 비교

	한국	중국	일본
반도체	100 (47.2bnUSD)	47 (22.1bnUSD)	93 (43.8bnUSD)
조선	100 (24.5mnt) <	106 (25.9mnt)	60 (14.6mnt)
자동차	100 (4.52mn unit) <	489 (22.12mn unit)	213 (9.63mn unit)
철강	100 (66.0mn metric ton) <	1,180 (779.0mn metric ton)	168 (110.6mn metric ton)

떻게 바뀌게 될지 예측하기도 겁이 날 정도다.

이처럼 대한민국이 중국에 추월당하는 산업들은 더욱 늘어나고 있다. 2000년대 초반에서 중반까지만 해도 중국이 대한민국을 추월하는 산업은 섬유와 기계, 직물, 고무와 같은 저부가가치 산업에 국한되었다. 그러나 2000년대 중반을 넘어가면서 중국은 반도체, 석유화학, 벌크선 등과 같은 고부가가치 산업에서도 우리의 시장 점유율을 추월하기 시작했다. 즉, 그동안 대한민국이 선도적

중국의 대한민국 시장 점유율 추월(수출액 기준)

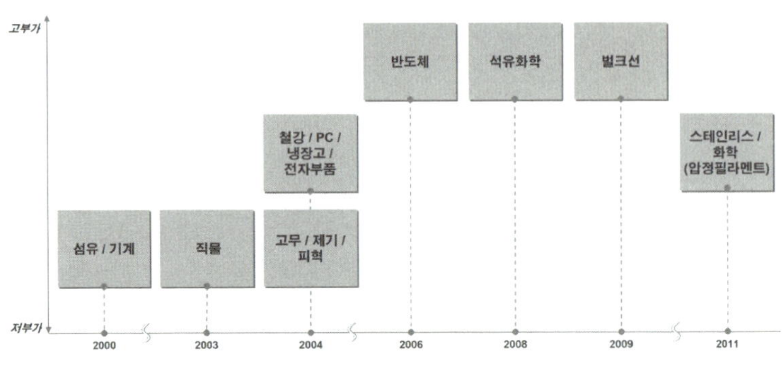

Source: UN Comtrade

입지를 굳혀왔던 산업들마저 중국에 시장 점유율을 추월당하고 있는 것이다.

이렇듯 중국은 명실상부한 글로벌 제조 공장에서 세계 산업 내 주요한 역할을 담당하는 '주식회사 중국'으로서의 세력을 강화하고 있다. 과거 중국이 해왔던 역할은 동남아시아, 남아프리카, 남미와 같은 국가들로 이동하고 있다. 이들 국가는 값싼 노동력, 수출 지향적 경제구조 등이 빛을 발하면서 '포스트 차이나'로 불리고 있다. 그사이 중국은 부가가치가 높은 첨단제품 생산에 집중하고 산업을 고도화시키며 기술 선진국의 대열에 빠르게 다가서고 있다.

저비용 생산거점의 탈 중국화

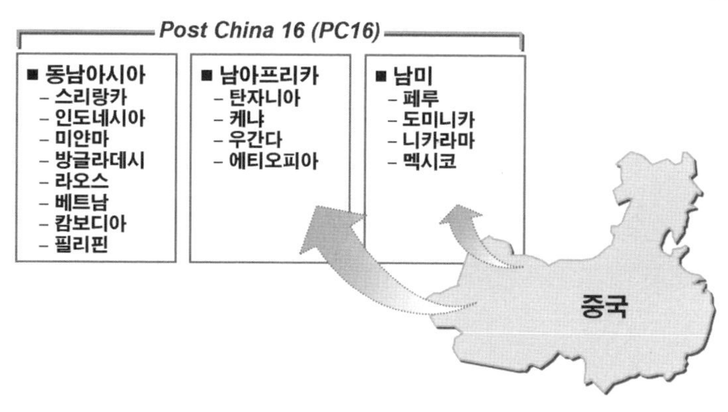

중국의 고부가가치 제조업 대약진

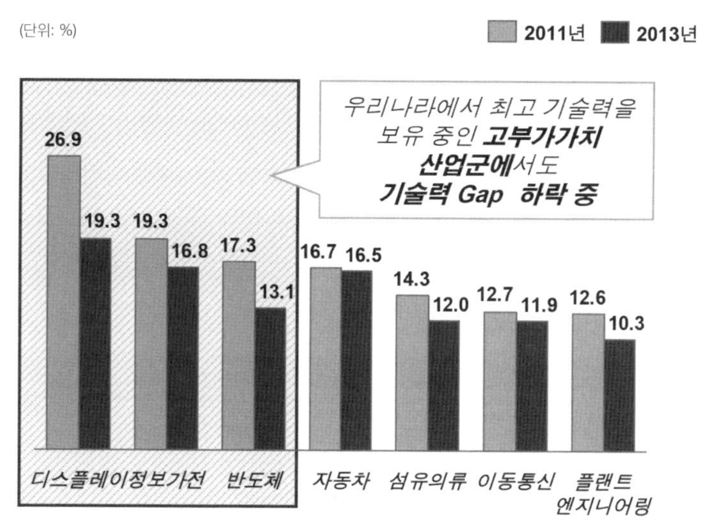

* 최고기술을 100으로 보았을 때 양국간 격차

심지어 우리나라에서 최고 기술력을 보유하고 있는 디스플레이, 정보가전, 반도체와 같은 고부가가치 산업군에서도 기술 격차를 좁혀오고 있다.

혁신의 미국

중국의 대약진 속에 벌어진 추격과 추월이 우리 산업을 위협하는 가운데 여전히 우리가 간과할 수 없는 것은 미국과 일본 등 선진시장의 도약이다.

먼저 미국의 도약을 살펴보자. 중국이 산업전쟁의 강자로 떠오르고 있다지만 여전히 미국은 글로벌 시장의 최강자로서 자리를 지키고 있다. 소프트웨어 산업의 혁신 리더로서 역할을 톡톡히 하고 있으며, 최근에는 국가 차원의 제조업 부흥 정책을 내놓고 제조업 경쟁력을 더욱 강화하고 있다.

오바마 대통령은 기업들의 법인세를 35%에서 25%로 인하하는 육성책을 추진 중이며, 3D 프린팅 등 첨단 제조업에 대한 투자를 활성화하고 있다. 혁신적인 기술을 보급하기 위한 제조혁신 국가네트워크(NNMI, National Network for Manufacturing Innovation Initiative)를 구성해 정책적으로도 제조업 육성에 크게 집중하고 있다.

실제로 이러한 정책 효과는 빠르게 나타나고 있다. 제조업 부흥 정책을 폄과 동시에 미국에서는 일명 '백쇼어링(Back-shoring)', 즉 외국으로 나갔던 기업들이 다시 돌아오는 현상이 벌어지기 시작했다.

제너럴일렉트릭(GE)은 중국에 세웠던 전자제품 생산기지를 미국 켄터키 주로 이전하기 위해 총 4,800만 달러에 이르는 거금을 투자했고, 구글은 넥서스Q 생산기지를 캘리포니아에 설립하기로 했다. 2012년 MIT 설문 결과에 따르면 미국 기업의 37%가 백쇼어링을 이미 경험했거나 적극적으로 검토 중인 것으로 나타났을 정도다. 그 결과 최근 3년 동안 GM, GE 등을 포함해 미국으로 회귀하는 기업이 약 2만 5,000개에 육박한다는 분석도 나왔다.

국가 차원의 정책에 힘입어 미국에서는 미래 기술에 관한 연구가 활발히 이뤄지고 다양한 혁신 제품들도 하루가 다르게 쏟아지고 있다. 구글, 애플 등 선도 IT 기업을 주축으로 많은 기업이 각종 웨어러블 디바이스[14]와 애플리케이션[15] 등 차세대 제품들을 개발해 선보이고 있다. 몇 가지 예를 통해 살펴보도록 하자.

구글의 스마트 안경인 '구글 글래스'는 대표적인 스마트 혁신 기기로 꼽힌다. 구글 글래스는 머리에 착용해 실현하는 디스플레이 기술인 HMD[16]를 활용한 제품이다. 안경형 디바이스로서 사용자가 손을 사용하지 않고 음성을 통해 명령을 내릴 수 있다는 점이 굉장히 편리하다.

구글 글래스에는 소형 스크린, 카메라, 메모리, GPS[17] 센서, 음성인식 처리를 위한 마이크 등이 탑재되어 있는데, 이를 활용해 앞으로 원격진료, 스포츠 게임 분석 등 다양한 형태의 맞춤형 서비스도 제공할 것으로 보인다. 이미 GPS와 증강현실[18]을 활용한 다양한 서비스가 개발된 것으로 알려졌다.

'라이브스트림(Livestream)'도 혁신 기술의 한 예로 꼽을 수 있다. 우리나라의 아프리카TV와 유사한 서비스인 라이브스트림은 실제 생중계 영상을 보면서 함께 시청하는 사람들과 의견을 교류할 수 있다. 이러한 특징 덕분에 동영상 감상에 새로운 혁신을 불러일으켰다고 평가받고 있다.

최근 페이스북이 인수해 화제가 되었던 '오큘러스 리프트(Oculus Rift)'도 한 예다. 오큘러스 리프트는 가상현실을 구현하는 헤드셋으로 머리의 움직임을 실시간으로 감지해 움직임에 맞는 시각을 제공한다. 오큘러스 리프트를 착용한 사용자는 가상공간에 들어와 있다는 착각을 하게 되는데 앞으로 게임, 영화감상,

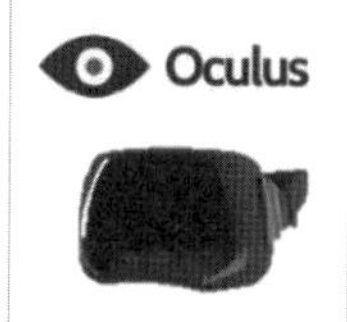

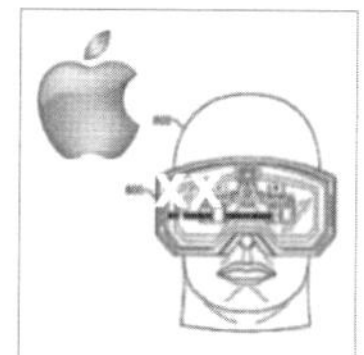

왼쪽부터 차례로 구글 글래스, 라이브스트림, 오큘러스 리프트, 애플 고글

군사 훈련 등에 활용될 것으로 보인다.

이와 같은 혁신 기기의 등장에 애플의 움직임도 심상치 않다. 최근 애플은 모바일 기기에 담긴 콘텐츠를 감상할 수 있는 고글 기술에 대한 특허를 출원했다. 이것은 머리에 쓸 수 있는 HMD 방식의 스포츠 고글 형태로, 이를 통해 스마트폰이나 태블릿에 담긴 영화를 고글을 통해 감상할 수 있다. 기기만 착용하면 어느 곳에서든 TV를 즐길 수 있기 때문에 앞으로 모바일 콘텐츠 감상 방식에 엄청난 변화를 가져올 것으로 보인다.

반격의 일본

일본의 반격 역시 만만치 않다. '잃어버린 20년'이라는 장기 침체를 겪었지만 내공은 무시할 수가 없다. 무엇보다 일본은 지난 2011년 아베 총리의 취임 이후 강력한 '아베노믹스[19]' 정책을 통

일본 GDP 추이

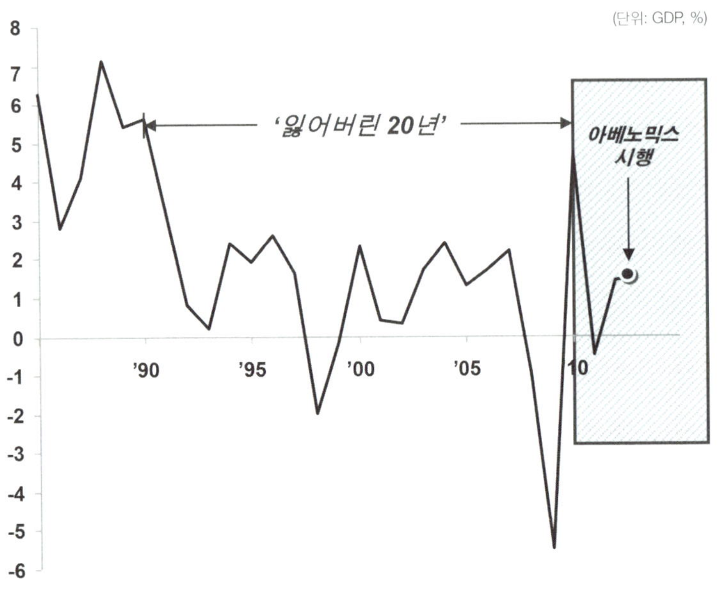

Source: ADL Analysis

해 경쟁력 회복에 총력을 기울이고 있다.

아베노믹스를 통해 침체된 경기를 살리고, 추락한 산업 경쟁력을 끌어올리기 위한 노력이 전 방위적으로 펼쳐지고 있다. 이에 발맞춰 소니, 엡손[20], 도요타[21], 파나소닉, 히타치 등의 전자 기업들도 경쟁력 회복에 전력투구하고 있다. 기존 사업은 더욱 고도화하고, 기타 산업과의 융합을 통한 시장 개척, 새로운 비즈니스 모델의 개발이라는 3대 전략 아래 다각적인 노력을 하고 있다.

민관 합작투자로 만들어진 JDI[22]와 세계적인 프린터 제조업체인 엡손은 앞서 살펴본 구글 글래스처럼 새로운 디스플레이로 가상현실을 볼 수 있는 제품들을 연구하며 기존 사업의 고도화에 주력하고 있다.

JDI는 소니, 도시바, 히타치 세 회사의 디스플레이 사업부가 함께 지분투자를 해서 설립한 회사답게 중소형 패널 분야의 역량을 강화하고 있다. 마찬가지로 엡손은 프린터와 프로젝터 제조 기술을 바탕으로 마이크로 프로젝터 내장 안경형 디스플레이를 개발해 웨어러블 디바이스를 경량화하는데 노력을 기울이고 있다.

도요타와 소니는 기존 산업과의 융합을 통해 경쟁력을 강화시키는 전략을 추구하고 있다. 최근 도요타는 자동차 내부에 디스플레이를 접목하는 연구에 집중하고 있다. 사이드 미러[23]나 룸 미러[24], 후방카메라, 속도 패널, 센터페시아[25] 등 기존에 시도하지 않았던 다양하고 새로운 영역에 디스플레이를 적용하는 것이다.

소니는 액정 없이 스마트폰과 탈부착할 수 있는 렌즈형 카메라를 출시해 디지털 이미징 서비스[26] 사업을 다양화하고 있다. 이러한 소니의 시도는 카메라 고유의 물리적 한계를 벗어난 서비스를 제공한다는 점에서 굉장히 의미 있는 시도로 평가받고 있다.

파나소닉과 히타치는 새로운 비즈니스 모델 개발을 통해 경쟁력을 회복해가고 있다. 먼저 파나소닉은 TV, 스마트폰 분야에서 과감히 손을 떼고 신재생에너지 관련 사업에 뛰어들었다. 이에 따라 그동안 축적해온 전자기술을 바탕으로 에너지절감형 스마트홈[27], 전기자동차 배터리 개발 등 에너지 솔루션 비즈니스로 사업 포트폴리오[28]를 바꿔나가고 있다. 히타치는 스마트 인프라 분야를 키워 동남아, 중국, 인도 등 신흥국 시장의 철도, 발전 IT 솔루션 분야를 개척해 새로운 수익원으로 삼고 있다.

이처럼 치열한 산업전쟁 속에서 추격자 중국은 월등한 경쟁력을 키워가고, 미국은 기존의 패권을 더욱 강화해가며 승자 독식을 향해 무섭게 질주하고 있으며, 일본은 과거의 영광을 위해 반전을 꾀하고 있다. 이들이 벌이는 산업전쟁을 통해 새로운 승자가 태어나고 기존의 승자가 자리를 더욱 굳건히 해가는 동안, 글로벌 비즈니스의 지도가 바뀌고 대한민국은 강자들 사이에 끼인 신세가 되고 말았다.

자칫 이들의 질주에 대응하지 못하고 아차 하는 순간, 우리는 지금보다 몇 배의 노력을 기울여도 현상유지조차 어려울 수도 있는 위기에 서 있다. 아니 더 나아가서 산업전쟁에서 패권을 빼앗긴 후에는, 한 기업과 산업만이 아니라 국가 경제의 위기로까지 타격을 입을 수 있다는 사실까지 되새겨야 할 때다.

이는 치열한 산업전쟁의 소용돌이에서 우리가 잊지 않아야 하는 단 한 가지 교훈이다.

TIP

JDI(Japan Display Inc.)

JDI는 중소형 패널 분야에서 디스플레이 산업 경쟁력을 강화하기 위해 2012년 소니, 도시바, 히타치 세 회사의 디스플레이 사업부가 통합해서 만들어진 회사다. 설립 당시 민관 공동투자펀드인 '산업혁신 기구(INCJ, Innovation Network Corp. of Japan)'가 지분의 70%를 투자했고 소니, 도시바, 히타치가 각각 10% 지분을 보유했다. 기업 공개 이후론 INCJ의 지분 보유 규모가 35%로 줄었다.

JDI는 초창기에 확보된 자금으로 고부가가치 디스플레이로 각광받고 있는 LTPS(Low Temperature Poly-Silicon, 저온폴리실리콘) 생산시설 투자에 약 3,000억 엔(한화로 약 2조 9,000억 원 규모)을 쏟아 부었다. 현재는 고해상도 모바일 시장에 대한 대응력을 높이기 위해 6세대 LTPS패널 라인 확보에 주력하는 등 일본 최대 LTPS 생산시설을 구축해 산업 경쟁력을 확보해나가고 있다. 또한, 기술력을 끌어올리기 위해 1,500억 엔(한화로 약 1조 4,000억 원 규모) 투자를 공동 부담하기로 했으며, 인적 자원을 효율적으로 운영하기 위해 3개사 총합 7,600명이던 인력을 6,200명 수준으로 감원하기도 했다. 이러한 노력 덕분에 매출도 소폭 올랐다. 2012년 매출이 570만 달러였는데, 2013년엔 630만 달러로 성장했다.

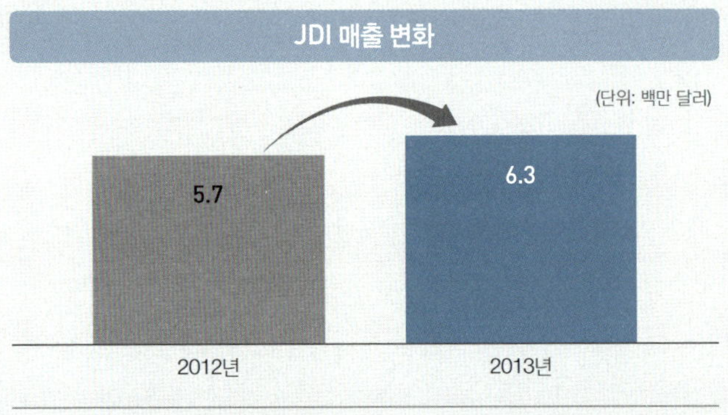

사업적 성과가 아직 큰 편은 아니지만, 업계 전문가들은 이렇게라도 하지 않았다면 중소형 LCD 패널 분야에서 세계 2위를 거머쥘 수 없었을 것이라고 입을 모은다. 모쪼록 JDI는 삼성, LG 등 대한민국 기업을 비롯해 애플, 구글 등 글로벌 유수의 기업에 대항하기 위해 만든 '연합군'으로 정부 차원에서 적극 자금을 지원해 더욱 힘을 받았으며 그 결과 2014년 기업 공개에서 32억 달러라는 일본 내 최대 규모의 자금을 조달하며 승승장구할 수 있었다.

2 패자의 교훈, 운명의 갈림길

강자의 오만과 오판

산업전쟁의 결과가 한 기업이나 산업의 성패만이 아니라 국가 경제의 기반마저 흔들 수 있다는 것은 몇몇 세계적 기업의 사례를 통해 쉽게 이해할 수 있다. 한때는 세계 시장을 호령했던 노키아나 모토로라, 코닥 등의 이름을 떠올려 보자. 그리고 이들의 현주소 또한 떠올려 보자. 이미 시장에서 이들 기업의 영광은 사라져 버린 지 오래다.

핀란드 기업인 노키아는 한때 휴대폰 시장에서 세계적인 강자로 군림했다. 그러나 스마트폰 시장 대응이 늦어지면서 시장 주도권을 상실했고, 노키아뿐만 아니라 핀란드 경제에도 엄청난 타격을 주었다.

산업전쟁의 격화

모토로라 또한 변화하는 휴대폰 시장을 무시하고 기존의 위치에 안주하다가 시장에서 밀려난 경우다. 모토로라는 2011년 구글에 인수됐지만, 다시 3년 만에 레노버로 인수되며 굴욕의 시간을 보냈다. 무엇보다 모토로라의 매각은 미국 기업이 중국 기업으로 매각되었다는 사실만으로도 미국 국민에게 충격을 주었다.

파나소닉은 기술적인 환경 변화를 잘못 예측해 기업의 경쟁력을 상실한 경우다. 파나소닉은 실제로 LCD로 변화하는 흐름 속에서도 PDP를 고집하다 결국엔 시장 지배력을 상실하고 말았다. 2008년부터 2012년까지 4년간 TV 사업 부문 누적 적자만 4,000억 엔을 넘어섰고, 시장 점유율도 2009년 1위에서 2013년 3위로 하락했다.

한편, 코닥은 디지털 시장으로의 변화를 명확히 알고 있었지만, 행동으로 옮기지 못해 추락한 경우다. 코닥은 6년 연속 실적 악화로 기술 특허를 상당수 상실하고 마침내 2012년에 파산보호를 신청하며 역사의 뒤안길로 사라지고 말았다.

이렇듯 한때는 절대지존의 강자였던 기업도 시장과 패러다임의 변화에 철저하게 대비하지 못하면 한순간에 나락으로 떨어지는 것이 산업전쟁의 현실이다. 노키아와 모토로라처럼 산업전쟁에서 패한 한 기업의 운명은 국가 경쟁력의 약화로까지 이어질 수 있으며, 파나소닉과 코닥처럼 한순간의 잘못된 의사 결정과 부적절한 실행 전략은 기업의 존폐를 좌우할 수 있다.

용의 머리에서 뱀의 꼬리로, 노키아

앞서 설명한 기업의 사례를 하나씩 살펴보도록 하자. 먼저 노키아는 핀란드의 대표적인 기업이자 휴대폰 제조업체로 1998년부터 2011년까지 14년 연속 글로벌 휴대폰 판매량 1위를 기록하며 전 세계를 호령한 기업이다. 그러나 스마트폰 운영체제[29] 등의 시장 변화를 감지하지 못한 채 안일하게 대응한 사이 삼성전자, 애플 등에 주도권을 빼앗겼다.

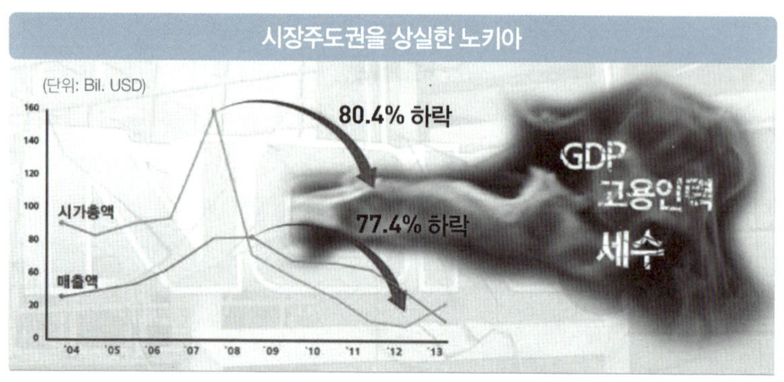

2007년 대비 2013년 매출은 77% 이상 감소했고, 시가총액은 무려 80% 가까이 폭락했다. 2000년 4%에 달하던 핀란드 GDP의 기여도는 2007년엔 3.1%로, 2013년엔 0.4%로 떨어졌다. 13년 사이 기여도의 90%가 증발해버린 셈이다.

국가 고용 기여도 역시 2007년 1%에서 2013년 0.4%로 60% 가까이 감소했으며, 법인세 납부 규모도 2007년 12억 유로(EUR)에서 2013년 230만 유로로 600% 이상 감소했다. 결국, 노키아는 2013년 휴대전화 사업 부문을 미국의 마이크로소프트에 54억 4,000만 유로(한화로 약 7조 8,654억 원)에 매각하고 네트워크 분야를 중심으로 사업을 재편했다.

사실 노키아의 쇠퇴는 핀란드 내에 새로운 벤처기업들이 많이 생기는 자극제가 되기도 했다. 하지만 긍정적 효과보다 월등하게 컸던 부정적 효과로 핀란드 국가 경제에 상당히 큰 악영향을 끼친 것으로 나타나고 있다.

레노로라가 된 모토로라

1973년 최초의 휴대폰을 개발한 모토로라는 미국 무선통신의 자부심이자 자존심이라 불리는 기업이었다. 하지만 산업전쟁의 경쟁에서 밀려나면서 영원한 강자도 영원한 승자도 없음을 몸소 보여준 기업이기도 하다. 모토로라가 산업전쟁에서 패한 요인은 이른바 '스마트폰 시대'에 대응하지 못했기 때문이다. 강자의 자만에 빠져 시대에 맞는 경쟁력 있는 제품을 선보이지 못했고 마침내 미국의 자존심도 무너지게 되었다.

2011년, 경영난을 겪던 모토로라는 구글에 인수됐지만, 3년 만에 다시 중국의 레노버에 매각되면서 '레노로라(Lenorola)'라는 별칭을 갖게 됐다. 당시 레노버의 모토로라 인수는 중국에 미국의 자존심이 팔렸다는 얘기가 나올 만큼 후폭풍이 큰 M&A(Mergers and Acquisitions, 기업 인수 합병)였다.

비록 모토로라는 '레노로라'로 새 역사를 쓰게 됐지만 여전히

모토로라의 추락

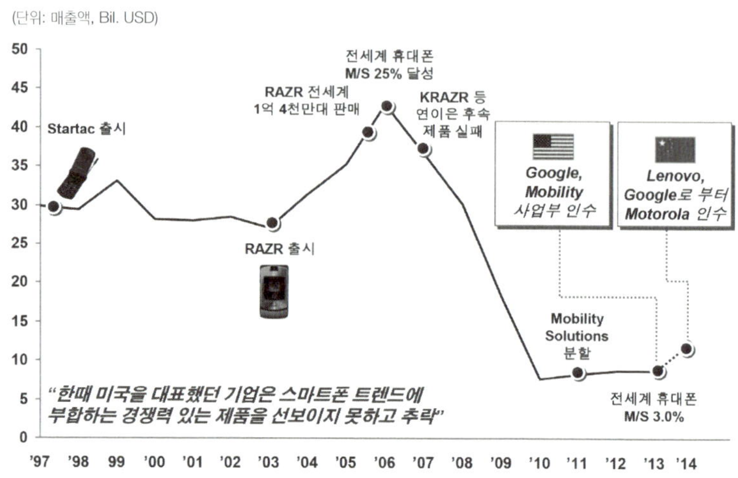

2013년 판매량 기준 M/S(시장 점유율)
Source: Motorola Annual Reports

우리 기업인 삼성전자나 LG전자에 위협이 되고 있으며 미국의 애플에도 위협적인 존재다. 실제 레노버는 모토로라 브랜드를 그대로 살려 프리미엄 제품을 글로벌 시장에 출시할 예정이며, 2015년 모바일 제품 '1억 대 판매'라는 공격적인 목표를 설정해둔 상태다. 만약 모토로라를 인수한 레노버가 시카고에 있는 모토로라의 생산기지를 미국 외 지역으로 이동할 경우를 예상해본다면 이는 모토로라 공장의 인력이 대거 해고되는 사태로 이어질 것이니, 한 기업의 몰락이 국가 경제에 얼마나 부정적인 영향을 주는

지 충분히 짐작해볼 수 있는 대목이겠다.

비운의 역사, 파나소닉

세계를 호령하던 일본 굴지의 기업 파나소닉의 흥망 역시 기술 트렌드에 대한 잘못된 판단에서 시작되었다. 파나소닉은 디스플레이 시장에서 계속해서 PDP가 대세일 것으로 전망했으며 이 때문에 LCD 시장에 대한 대응을 등한시했다.

그러나 같은 시기에 삼성전자, LG전자 등이 LCD TV에 대대적으로 투자하고 공격적인 마케팅을 진행하면서 시장은 점차 LCD 기술 쪽으로 기울어졌다. 이후 2009년에 접어들어 LED TV가 등장해 TV 두께를 혁신적으로 줄이면서 PDP TV의 입지는 더욱 줄어들었다. 그 결과 파나소닉의 사업은 급격히 악화됐고, 회사는 엄청난 손실을 보고 말았다.

2008년부터 2012년까지 누적 적자만 약 4,000억 엔(한화로 약 4조 원)에 달할 정도였다. 특히 2009년 PDP TV 부문에서 41%의 달하던 파나소닉의 시장 점유율은 2013년엔 17.4%로 급락하며 악화 일로를 걸었다. 4년간 23.6%가 감소한 것이었다. 결국 2000년대 초중반까지만 해도 TV 시장에서 대표적인 브랜드로 꼽히며

파나소닉의 사례

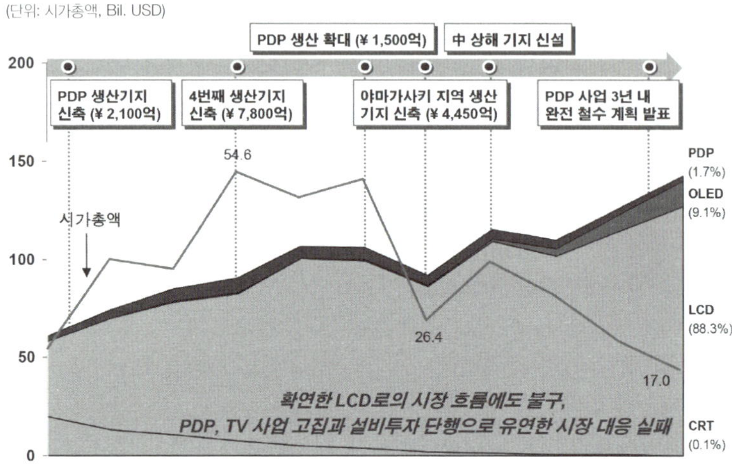

입지가 높았던 파나소닉은 이제 유명무실한 상태로 전락하고 말았다.

이러한 쇠락과 더불어 많은 인력이 구조조정 되기도 했다. 급기야 2013년 파나소닉은 PDP 사업을 3년 내 완전히 철수하겠다고 밝히며 스스로 시장 판단 오류를 인정했다. 비슷한 시기, 삼성과 LG까지도 PDP 사업에 손을 떼면서 PDP 시장은 그야말로 디스플레이 시장의 지난 역사로 사라지게 되었다.

TV 시장의 실패 이후 뼈아픈 교훈을 얻은 파나소닉은 사업의 방향을 아예 새롭게 설정하고 있다. 최근 파나소닉이 집중하는 분야는 전기전자를 응용한 에너지 사업이다. 새로운 도전에서 새로운 비즈니스 기회를 찾기 위해 분주하지만, 디스플레이 시장에서의 산업전쟁에서는 완전히 밀려난 비운의 패장이 되고 말았다.

130년의 퇴장, 코닥

비운의 패장으로 빼놓을 수 없는 곳이 바로 '코닥'일 것이다. 한때 코닥은 '필름의 대명사'로 통할 만큼 카메라 분야에서 최고의 입지를 구축한 곳이었다. 무려 130년의 역사를 이어오며 최고의 시절을 구가했다. 하지만 대마불사(大馬不死, 쉽게 죽지 아니하고 필경 살 길이 생겨난다는 말)일 것만 같던 코닥도 디지털 카메라의 등장에는 무릎을 꿇고 말았다. 새로운 시장에 제대로 대처하지 못한 것이 그 이유였다.

아이러니한 것은 세계 최초의 디지털 카메라를 개발한 회사도 코닥이었다는 점이다. 코닥은 이미 필름 카메라에서 디지털 카메라로의 변화를 읽고 있었고, 디지털 카메라에 대한 선도적인 기술까지 개발해 놓았다. 그럼에도 불구하고 상업화를 주저하다 시기를 놓치고 말았고 130년 역사를 파산으로 마감하게 되었다.

당시 코닥이 상업화에 망설인 이유는 디지털 카메라가 기존 필름 카메라 매출을 잠식하는 이른바 카니벌라이제이션[30]을 우려한 탓이었다. 하지만 코닥이 그렇게 적절한 실행방안을 찾지 못하는 사이, 시장은 디지털 카메라를 필두로 재편되기 시작했고 그때부터 코닥은 본격적인 어려움을 겪기 시작했다.

뒤늦게 디지털 카메라를 출시했지만, 이미 디지털 카메라 시장은 소니, 캐논[31], 니콘[32] 등의 업체가 주도하는 상황이었으며 이를 역전하기란 쉽지 않았다. 이후 코닥은 아날로그 기업이라는 이미

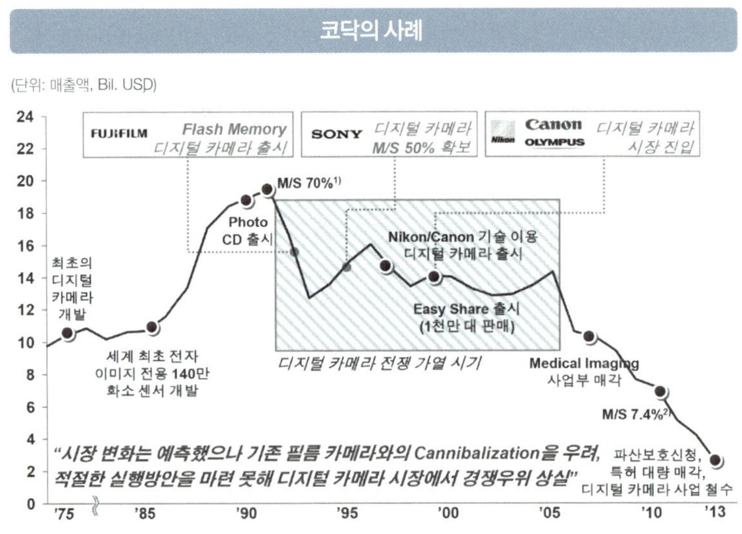

1) '90년 글로벌 필름 카메라 기준 시장
2) 글로벌 디지털 카메라 시장 기준 M/S
Source: Kodak Annual Reports

지를 벗지 못하고 6년 연속 실적 악화에 시달렸다. 부채도 68억 달러 가까이 불어났고, 경영난을 타개하지 못하고 결국 2012년 1월 파산보호를 신청한 후 대규모 구조조정을 단행했다.

이후 코닥의 발자취는 실로 눈물겨웠다. 코닥을 세계적인 업체로 발돋움할 수 있게 해주었던 특허도 대량으로 매각했다. 1,700여 개의 기술 특허권을 9,400만 달러에 매각했고, 2만여 개의 특허는 4억 3,300만 달러에 기술 이전(License-out)했다. 2012년 8월에는 회사 발전의 초석이 되었던 필름 사업부마저 매물로 내놓았고, 같은 해 말에는 핵심 자산 중 하나인 디지털 이미징 특허권을 삼성전자, 애플 등 12개 업체로 구성된 컨소시엄에 매각하기도 했다.

이처럼 130년 역사를 자랑해오던 기업이 한순간의 판단 오류로 파산으로 마무리된 것은 우리에게도 시사하는 바가 매우 크다. 그것은 방향성을 알더라도 기존의 것을 버리지 못할 때, 그것이 도리어 자신의 발목을 잡게 된다는 것이다. 현재 우리가 가진 세계 일등의 산업이 제아무리 독보적인 경쟁력을 갖고 있다 한들 과연 언제까지 지속될 수 있을지, 앞으로 무엇을 해야 할 것인지에 관해서는 코닥의 사례를 교훈으로 삼아 대비하고 혁신해야 한다.

실패의 교훈

위에서 살펴본 네 가지 사례를 통해 우리는 산업전쟁의 시대를 어떻게 대비하고 치러내야 하는지, 산업전쟁에서 승자로 살아남는 일이 얼마나 중요한지 느낄 수 있었다. 뜨거운 물에 던져진 개구리는 화들짝 놀라 튀어나오지만, 개구리를 찬물에 넣고 천천히 데우면 변화를 감지 못한 개구리가 결국엔 죽고 만다는 '뜨거운 물속의 개구리' 이론처럼 강자로서 지위를 누리는 시장에서나 약자로서의 경쟁이 벌어지는 시장에서나 우리는 한순간도 긴장을 늦출 수 없다. 서서히 데워지고 있는지 열기를 감지하지 못하는 것은 아닌지 늘 경계해야 한다.

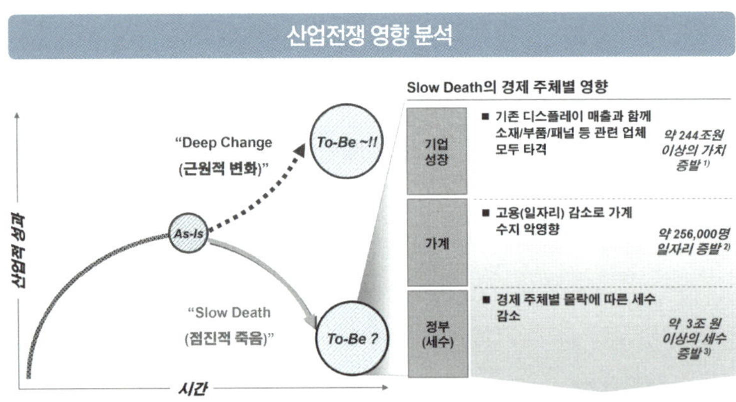

1) Set, Panel, 소재/부품 등의 매출액 합. Set: Samsung, LGE, Pantech / Panel은 Samsung, LGD / 소재부품: '12년 기준 기업 12곳 해당 소재부품 부문 매출액의 합

2) 디스플레이업계 전체 고용 인원; 3) 영업이익률 6%, 법인세율 22% 가정; Source: 주요 기업 감사보고서, 한국디스플레이협회, Fuji Chimera

우리가 글로벌 시장에서 최강의 우위를 점하는 디스플레이 산업 역시 이러한 교훈을 간과할 수 없다. 만약 우리의 디스플레이 산업이 산업전쟁에서 패하게 되면 이는 한 기업만의 일이 아니라 우리 경제 전반, 가계, 정부에까지 엄청난 영향을 미치게 될 것이다. 디스플레이 세트 메이커 업체부터 패널, 소재, 부품 등 관련 업체 모두가 타격을 받게 됨은 물론 이를 화폐가치로 환산하면 약 244조 원 이상의 가치가 증발되는 것으로 나타났다. 디스플레이 산업의 종사자 약 25만 6,000명의 일자리도 사라지게 된다. 가구 수로 계산하면 약 9만 5,000가구에 이르는 규모다.

이에 따른 정부의 타격도 만만치 않다. 일자리를 잃은 이들의 가계 소비 감소로 경제 활력이 줄고, 이로써 기업들의 투자까지 감소하면 정부는 약 3조 원 이상의 세수 손실을 감내해야 한다. 아니 어쩌면 계산한 것보다 더 큰 영향이 있을 수도 있다. 모든 산업이 유기적으로 연결되어 있다는 것을 고려하면, 디스플레이 산업의 위기는 다른 산업군에도 충분히 악영향을 미칠 수 있기 때문이다.

결과적으로 산업전쟁에서 패한다는 것은 하나의 기업이 망하는 것 이상의 파급력을 가지고 있다. 이 때문에 산업전쟁의 전략은 국가 차원의 전략으로 접근해야만 한다. 과연 그 전략이란 무엇일까? 다음 장에서 글로벌 강자 산업인 디스플레이 산업을 중심으로 살펴보도록 하자.

02

디스플레이 강국, 대한민국

Industrial War The Five

1 세계 1등 대한민국 디스플레이

대한민국 속의 세계

대한민국 디스플레이 산업은 단연 세계 최강으로 명실상부한 최고의 시장 점유율을 자랑한다. 10여 년 전 1위를 기록하던 일본을 제치고 대만의 추격을 따돌리며 당당히 지금의 자리에 올라섰다. 다음의 그림에서 보듯 2003년 디스플레이 시장의 최강자는 시장 점유율 40%를 차지한 일본이었다. 다음으로 대한민국이 35%, 대만이 25%를 차지하며 세계 디스플레이 시장은 대한민국, 일본, 대만의 3강 구도를 형성해왔다.

그러나 10년이 지난 후 2013년의 디스플레이 시장은 새롭게 재편되었다. 대한민국은 시장 점유율 45.2%를 차지하며 일본을 제치고 1위 국가로 성장했으며 일본은 10년 전보다 반토막이 난

디스플레이 시장 점유율(M/S) 변화

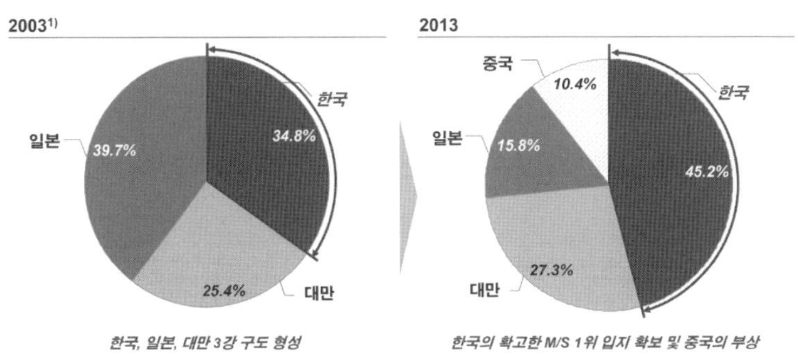

1) LCD, PDP, OLED를 포함한 디스플레이M/S
Source: DisplaySearch

16%의 점유율을 보이며 3위 국가로 하락했다. 그 사이 대만은 27%의 점유율을 기록하며 우리를 바짝 추격해오고 있다.

우리의 디스플레이 산업이 이처럼 괄목할 만한 성장을 보인 것은 부품, 소재, 장비, 패널, 세트 등 디스플레이 산업 전체에서 전방위적인 노력을 펼친 덕분이었다. 어느 한 부문에 치중되지 않고 부문마다 포진된 대기업, 중견 기업들이 글로벌 수준의 사업역량을 확보하며 종합적인 성장을 이뤄냈다. 부문별로 포진해 있는 기업을 살펴보면 소재와 패널 부문에서는 삼성, LG디스플레이, LG화학, 효성, 희성전자, 신화인터텍, 미래나노텍, SKC하스 등이 있다.

소재 및 패널부문 한국기업 분포도

1) '12년 기준, '12년 달러-엔 연평균환율 적용
2) '13년 기준 시장 규모
Source: DisplaySearch, Fuji Chimera, ADL Analysis

장비부문 한국기업 분포도

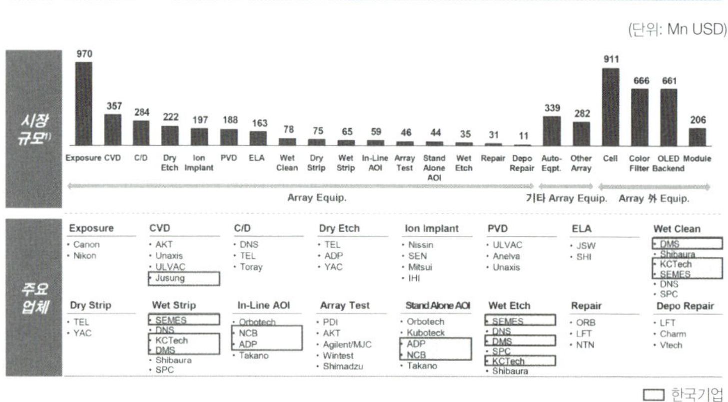

1) '13년 기준 시장 규모
Source: DisplaySearch

디스플레이 산업 우수기업 소개	
업체명	**주요 연구개발**
에스에프에이	- 플렉시블 OLED용 전공정 장비 개발 - LCD 기판유리 절단시스템 개발
AP시스템	- OLED 레이저결정화장비 및 봉지장비 개발 - LCD 액정 적하장비 개발
주성엔지니어링	- 세계 최초 유기금속확학 증착기 개발 - 8세대 LCD용 증착장비 개발
SNU프리시젼	- 5세대 OLED 증착장비 개발 - LCD 핵심 측정장비 PSIS 세계최초 개발
세메스	- OLED 세정장비 개발 - LCD 공정용 감광액 도포장비 개발
케이씨텍	- LCD 전공정 장비(스핀리스 코터) 국산화 - LCD용 양극화장치 개발
LIG에이디피	- LCD용 건식식각기 국내 최초 국산화 - OLED 열가압 합착기 장비 개발

장비분야에서는 에스에프에이, AP시스템, 주성엔지니어링, SNU프리시젼, 세메스, 케이씨텍, LIG에이디피 등이 있다.

이들 기업은 기술 트렌드 변화에 발맞춰 적극적이고 선제적인 투자를 아끼지 않았으며 이를 통해 뛰어난 상품화 역량과 우수한 기술력을 확보하고, 경쟁국 대비 유리한 환율 여건을 활용해 세계적인 입지에 올랐다.

2 디스플레이 경쟁우위

4가지 경쟁우위 요소

현재 대한민국은 디스플레이 제품 자체뿐만 아니라 소재, 패널, 장비 부문까지 세계 최강을 자랑하고 있다. 이는 과감한 의사결정과 파괴적인 혁신이 있었기에 가능했다. 그만큼 대한민국 디스플레이 업체들은 노력을 아끼지 않았고 무엇이든 과감하게 도전했다. 대한민국 디스플레이 산업의 경쟁우위 요소를 분석해보면 다양한 요소들이 도출되겠지만 대체로 4가지로 귀결된다.

첫째는 선제적 투자이고, 둘째는 상품화 역량이며, 셋째는 기술 역량, 그리고 넷째는 외부적 요인인 환율 효과이다.

대한민국 디스플레이 산업 경쟁우위 요소

경쟁우위 첫 번째, 선제적 투자

선제적 투자란 시장의 변화와 방향을 미리 예측하고 이에 맞춰 과감하게 투자함으로써 새로운 시장과 수요를 창출해내는 것을 의미한다. 대표적인 예가 대형 LCD 수요의 창출이다.

2000년대 중반 무렵, 당시 세계 디스플레이 시장은 LCD 패널의 공급과잉 시대로 접어들며 과도한 시장 침체기에 접어들었다. 그러자 대한민국의 기업들, 특히 LG디스플레이 등 패널 업계는 발 빠르게 돌파구를 찾아 나섰으니 바로 대형 디스플레이의 개발이었다. 이들 기업의 투자와 개발은 경쟁사보다도 3~4년 이상 빠른 투자였으며 실제로 대형 수요의 창출로 이어졌다. 이것은 시장

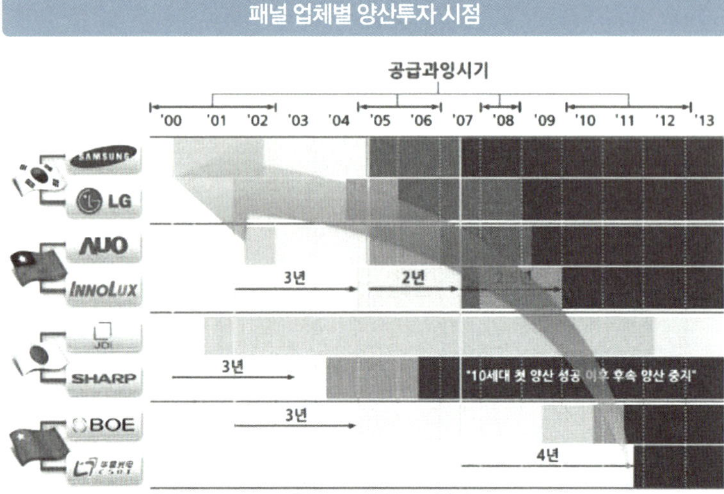

확대와 함께 세계 시장에서 대한민국 디스플레이 산업의 시장 점유율을 확대하는 결과로 이어졌다.

경쟁우위 두 번째, 상품화 역량

대한민국 디스플레이 산업의 두 번째 경쟁력은 상품화 역량이다. 대표적인 예로 삼성전자의 사례를 들 수 있다. 다음의 그림에서 보듯 삼성전자는 2002년까지만 해도 시장에서 존재감이 미미했다. 그러나 이에 굴하지 않고 2006년, 와인잔 모양을 감각적으

글로벌 브랜드의 TV 판매추이

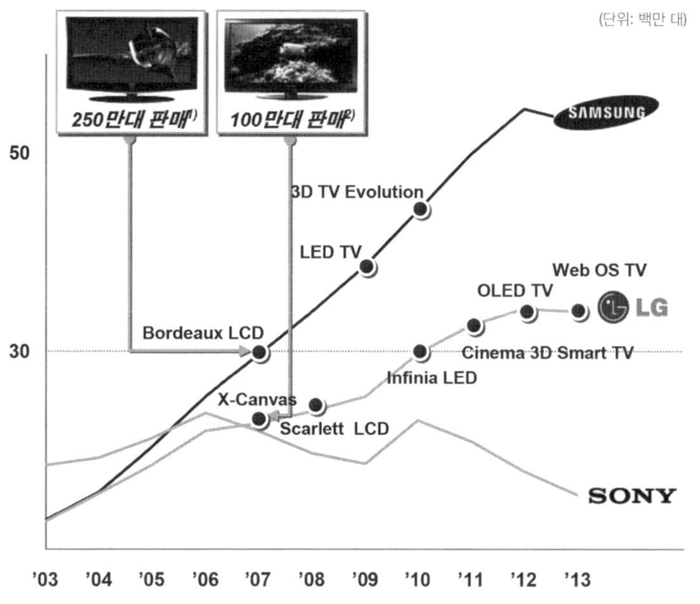

1) 2006년 출시 첫 한 해 동안의 판매 대수
2) 2007년 출시 후 6년간 누적 판매 대수
Source: 각 사 Annual Reports, Press Releases

로 형상화한 LCD TV '보르도 TV'를 출시하며 승부수를 던졌다. 보르도 TV는 출시 6개월 만에 100만 대 판매를 돌파하며 시장에서 돌풍을 일으켰다. 삼성전자는 이를 계기로 일본 소니를 누르고 처음으로 세계 TV 시장에서 1위에 올랐다.

LG전자 역시 2008년에 출시한 '스칼렛 TV'로 미국에서 열리는

글로벌 브랜드의 휴대폰 판매추이

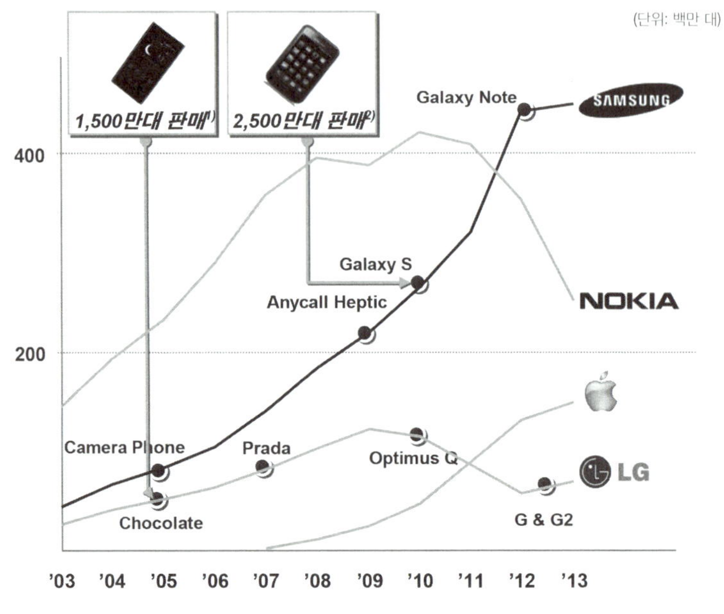

1) 2005년 출시 후 2년 간 누적 판매 대수
2) 2010년 출시 후 현재까지 누적 판매 대수
Source: 각 사 Annual Reports, Press Releases

세계 최대 가전쇼인 CES에서 혁신상을 받으며 글로벌 시장의 주목을 받았다. 이후 삼성과 LG는 다양한 혁신 아이디어와 신기술을 접목한 상품 개발을 통해 꾸준히 시장 점유율을 높여왔다.

휴대폰 시장 역시 우리 기업들의 탁월한 상품역량이 힘을 발휘했다. 삼성에서 출시한 갤럭시 시리즈나 LG에서 출시한 초콜릿

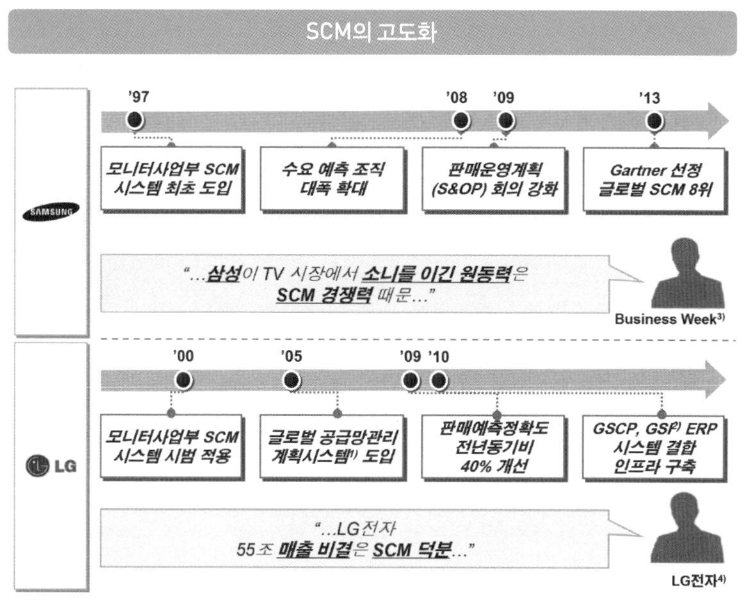

1) Global Supply Chain Planning
2) Global Supply Information
3) 2008.3.13 Business week
4) 2010.3.5 LG전자 최고 공급망 관리책임자(CSCO)
5) Collaborative Planning, Forecasting and Replenishment
Source: 업계 관계자 인터뷰, Press Release

폰, G Series 등과 같은 제품들은 디자인이나 기능 측면 모두 전 세계 사용자들의 호감을 받으며 빠르게 시장을 잠식해갔다.

사실 혁신 아이디어가 반영되어 탄생한 신상품들이 적시에 시장에 출시되고 소비자들에게 전달될 수 있었던 것은 기업이 보유한 개발역량만으로 가능했던 건 아니었다. 신상품 공급을 가능하게 한 빠른 시장 공급역량, 즉 안정적이고 우수한 공급망 관리(SCM)[33] 시스템이 있었기 때문이다.

실제로 삼성과 LG 등 대한민국의 대표적인 디스플레이 세트 메이커 기업들은 2000년대 중반부터 정보화 프로젝트를 추진하며 공급망 관리 시스템에 대대적으로 투자했다. SCM은 기업 내부의 ERP[34], 즉 전사적 자원관리 시스템과 연동해 제품의 생산에서 판매에 이르는 업무 프로세스상의 모든 정보가 실시간으로 집계 분석되고 운영되도록 돕는 효율화 시스템이다. 이를 통해 기업은 재고관리를 최소화하며 제품의 시장 공급 시간은 최소로 단축하고 제품 공급에 따르는 비용을 대폭 절감할 수 있다.

삼성전자의 혁신적인 글로벌 공급망 시스템

특히 삼성전자는 전 세계적으로 흩어져 있는 생산기지를 통합 관리하기 위해 글로벌 SCM의 도입이 필수적이었다. 실제로 삼성전자는 이 시스템을 통해 시장의 수요를 예측하고 계획적인 생산과 판매를 가능하게 해 매우 효율적인 공급망 관리를 구축했다.

삼성전자는 ERP 시스템과 연동한 GSCM(Global Supply Chain Management, 세계적 공급망 관리)을 구축해 전 세계 법인의 실시간 재고, 판매, 원가 추이 및 실적 등을 재빠르게 파악했다. 이 정보는 다시 제품 공급 계획과 마케팅 계획에 즉시 반영되었다. 삼성전자는 시스템 차원의 혁신뿐만 아니라 전체 임직원들의 의식과 조직문화 형성, 업무 프로세스, 인프라 등 전 방위에 걸쳐 종합적으로 혁신을 진행했다. 일종의 소사장 제도인 제품별 책임경영(GBM, Global Business Management) 체제를 구축해 책임자가 자신의 사업부문에 관해서는 기획, 생산, 판매, 예산, 인력 등 모든 영역을 책임지고 총괄하도록 했다.

이를 위해 고객이 중심이 된 핵심성과지표(KPI)[35]도 설계했다. 핵심성과지표를 통해 도출된 고객 관련 정보는 다시 공급망에 반영되었고 이는 다시 고객의 취향과 선호도 등에 맞춰 도출된 최적의 제품을 시장에 공급하도록 지원했다. 삼성전자는 이러한 세부적인 지표 관리를 통해 브랜드에 대한 고객 만족도와 충성도를 높일 수 있었다. 업무 프로세스에서도 선진 계획 스케줄링(APS)[36], 제품 개발 관리(PDM)[37], 업무 매뉴얼(GPPM)[38], 체크리스트(Checklist) 등을 잇달아 도입하며 IT를 활용한 경영혁신을 가속화했다.

이러한 혁신 활동은 삼성전자가 글로벌 물류역량을 확보하는 데 결정적인 역할을 했다. 또한, 이런 것들이 현장에 제대로 적용될 수 있도록 철저한 실행 계획도 전개했다. 상호공급계획 예측 프로그램(CPFR)[39]을 협력사에 확대 적용하는 한편, 임원이 주관하는 판매&운영계획(S&OP)[40] 회의를 통해 판매와 공급 간의 단일 계획을 수립했다. 삼성전자는 이렇듯 철저한 제품 기획 및 생산·공급 관리를 통해 성장에 성장을 거듭해왔고, 글로벌 시장에서 입지를 탄탄히 구축할 수 있었다.

그 결과, 삼성전자의 SCM은 그 우수성을 인정받으며 미국 시장조사기관인 가트너 선정, 2013년 글로벌 SCM 운용능력 세계 8위 기업으로 꼽히기도 했으며 SCM 순위로 꾸준히 세계 10위권 내에 이름을 올리고 있다. 이에 대해 스티븐 스튜터만 가트너 부사장은 한 언론과의 인터뷰에서 "삼성전자의 S&OP(판매운영계획) 운영 역량과 계획 수립 역량은 단연 세계 최고"라고 말하기도 했다.

LG전자의 효율적인 글로벌 공급망 관리 시스템

LG전자 또한 글로벌 공급망 관리 계획시스템인 GSCP(Global Supply Chain Planning)나 글로벌 공급 정보시스템인 GSI(Global Supply Information) 등과 같은 공급망 관리와 전사적 자원관리(ERP)를 연동한 시스템을 갖춰 더욱 정확한 판매예측과 생산관리를 완성시켰다. 2006년 LG전자는 글로벌 SCM팀을 만들고 본격적으로 GSCP를 구축하기 시작했다. LG전자는 GSCP를 통해 신제품을 시장에 공급하고, 수요 변화에 신속하게 대응하기 위해

주 단위 계획을 수립했으며, 일부 사업부는 일 단위 계획도 수립했다. 시스템을 효율적으로 운영하기 위해 SCM 전담 조직도 만들었다.

본사의 공급망 관리 조직인 CSCO(Chief Supply Chain Officer) 아래 SCM팀과 사업부와 법인, 지역별 GOT(Global Operation Team)를 설치하고, 지역과 법인별로는 영업 관리와 물류 조직을 통합해 효율성을 높였다. 이어서 각종 업무 프로세스도 재정립했다. 변화가속화 과정인 CAP[41]을 도입해 직원들의 변화를 적극 이끌고, 전사적 표준 프로세스와 인재역량 강화 프로그램도 전개해 조직력도 탄탄히 갖추었다.

여기서 한 발자국 더 나아가 LG전자는 전 세계적으로 환경문제가 부각되자 SCM에 친환경 개념을 도입했다. 일명 '친환경 SCM 2.0' 체계를 도입해 운송수단에 따른 탄소 배출량을 관리하고, 재고 보관에 들어가는 전력 소비량을 최소화했다. 또한 반제품 형태로 재고를 보유하고 있다가 주문을 받은 후 그 즉시 대응하고 조립(ATO, Assemble-To-Order)하는 방식을 통해 재고 관리와 공급망 관리의 효율성을 더욱 높였다. 그 결과, LG전자는 2012년 55조 원의 매출을 올리며 디스플레이 강자로 떠오르게 되었다.

이처럼 삼성전자나 LG전자는 SCM을 기반으로 상호공급 예측 프로그램인 CPFR(Collaborative Planning, Forecasting and Replenishment)을 연동시켜 상품역량을 제고시켰다. CPFR은 고객사와 공급사가 함께(Collaborative) 비즈니스를 계획(Planning)하고 수요를 예측(Forecasting)하며 이에 근거해서 재고를 보충(Replenishment)하는 것을 의미한다. 쉽게 말하면 IT 시스템을 통해 실시간으로 수요와 재고를 파악해 시장에 효과적으로 상품을 공급하는 체계를 말한다. 이는 언제 어디서나 주문해도 적시 대응할 수 있는 시스템을 갖추었다는 의미이다. 현재 삼성전자나 LG전자는 이 시스템을 더욱 고도화시켜 '좀 더 빨리' 대응하는 만족서비스로 발전시키고 있다.

경쟁우위 세 번째, 기술역량 확보

대한민국이 디스플레이 산업에서 경쟁우위를 갖게 된 세 번째 비결은 기술역량 확보에 있다. 대형 LCD TV 등 대형기판 시장을 염두에 두고 있던 대한민국은 2000년대 들어서면서 일찌감치 대형기판 생산 기술을 도입하며 일본과 중국을 따돌리기 시작했다. 최고 수준의 엔지니어와 부품, 재료를 사용하며 라인별로 소품종 전문생산 체계를 갖춰 어느 곳도 따라오지 못할 정도의 압도적인 패널 공정 완성도를 이뤄냈다.

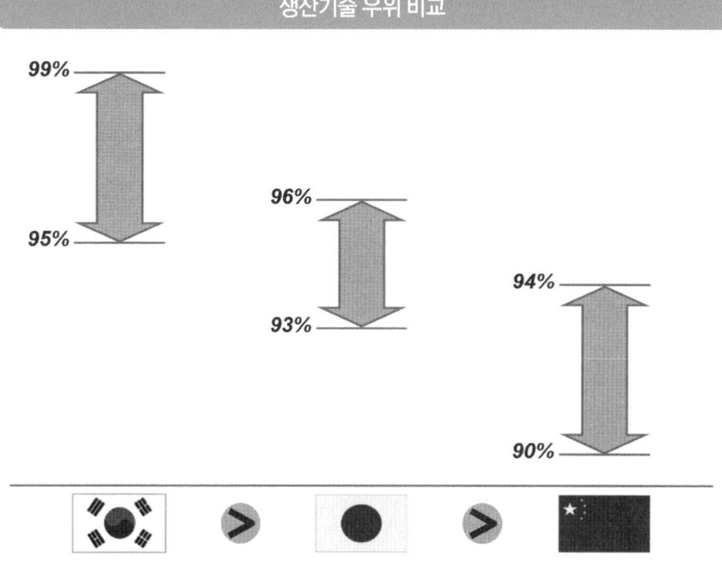

Source: Industry Expert Interview

그 결과 대한민국은 최대 99%에 육박하는 생산수율을 보이고 있으며 이는 일본의 96%, 중국의 94%를 앞지르며 세계 최고 수준의 기술임을 입증하고 있다. 같은 시기 중국의 패널 제조사들은 품질 기대 수준이 낮은 중국 내수 세트 제조사들을 대상으로 시장 점유율 확대에 치중했다. 그동안 대한민국은 글로벌 일류 기업들에 납품하며 생산 공정을 지속적으로 효율화하고 고도화한 덕분에 경쟁력을 더욱 강화할 수 있었다.

이러한 기술역량의 확보는 비단 대기업뿐만 아니라 핵심 소재와 부품을 공급하는 일부 중소, 중견기업 사이에서도 매우 치열하게 벌어졌다. 이들은 중소기업임에도 독보적인 기술력을 확보하며 디스플레이 산업 전체의 경쟁력을 견인했다.

중소기업으로 LCD 시장에서 글로벌 경쟁력을 갖춘 희성전자의 예를 살펴보자. 희성전자는 디스플레이용 백라이트 유닛(BLU)[42]을 주력 상품으로 하며 LG디스플레이와 LG전자를 최대 고객으로 확보한 글로벌 기업이다. 세계 최대 규모의 디스플레이용 백라이트 유닛 생산 능력을 보유하고 있으며 압출, 사출, 대면적 스탬퍼 제조 기술 등도 가지고 있다. 2012년 BLU 부문에서 세계 시장 점유율 12.2%를 기록하기도 했다.

또 다른 글로벌 중소기업인 신화인터텍은 국내 디스플레이용 광학 필름 1위 업체로 광확산 패턴 설계 및 공정, 정밀 박막 코팅 등과 같은 핵심 기술을 보유하고 있다. 이 기술을 기반으로 세계 시장 점유율을 높여왔는데, 2012년 BLU용 확산시트 점유율은 23.9%를 기록했다.

미래나노텍은 3M이 장악하고 있던 광학필름 시장에 뛰어들어 10년 만에 세계 시장 1위에 등극한 디스플레이 부품소재 업체다.

글로벌 중소기업의 사례

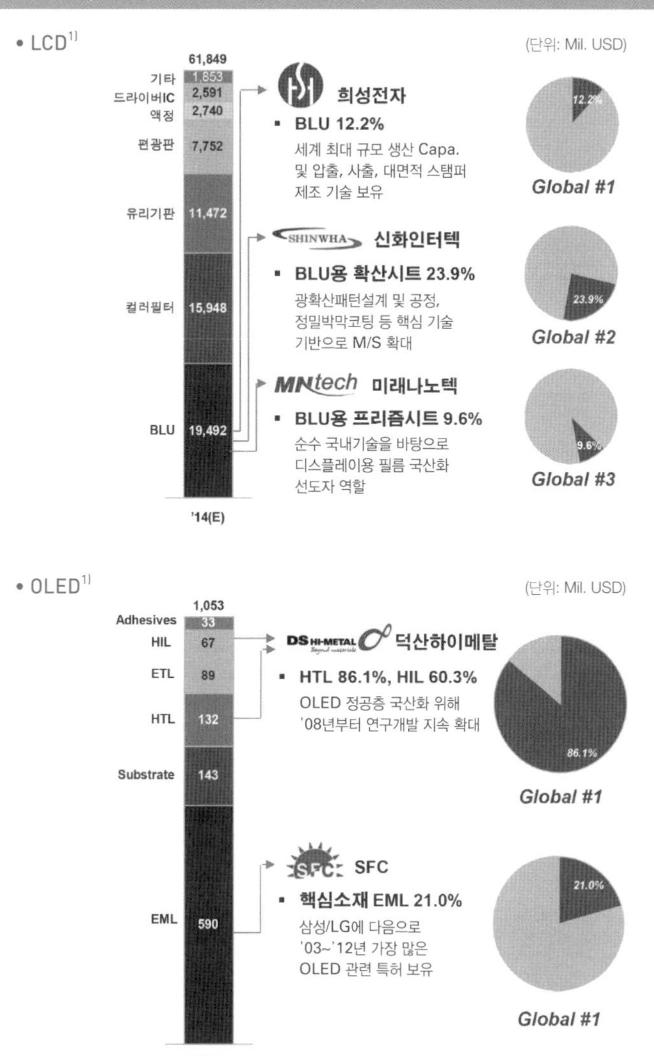

1) M/S '12년 기준
Source: Fuji Chimera

광학필름은 자체적으로 발광할 수 없는 TV, 컴퓨터 모니터 등의 LCD 화면에서 광원 역할을 하는 핵심 부품소재다. 현재 미래나노텍은 TV 광학필름 세계 시장 점유율 34%, 삼성전자 TV용 광학필름 공급 점유율 50%를 차지하고 있을 정도다. 특히 미래나노텍은 순수 국내 기술을 바탕으로 디스플레이용 필름 국산화에 선도적인 역할을 한 기업으로 평가받고 있다.

이 밖에도 OLED[43] 시장에서 글로벌 경쟁력을 갖춘 기업들의 예를 살펴보자. 먼저 덕산하이메탈은 국내 최대 OLED 소재 업체로써 정공주입층(HIL, Hole Injection Layer)과 정공수송층(HTL, Hole Transporting Layer) 분야를 전문으로 하고 있다. OLED는 양극(Anode)-정공주입층-정공수송층-발광층(EML, Emitting Layer)-전자수송층(ETL, Electron Transporting Layer)-전자주입층(EIL, Electron Injection Layer)-음극(Cathode)까지 총 7개의 소재층으로 구성되는데, 덕산하이메탈은 2008년부터 연구개발을 지속해 정공층 소재를 국산화하는데 성공했다. 정공수송층 시장 점유율은 86.1%, 정공주입층 시장 점유율은 60.3%을 기록할 정도로 매우 높다.

SFC는 OLED의 또 다른 핵심소재인 발광층을 생산하는 기업이다. 발광층은 말 그대로 빛을 내는 소재로 이 분야에서 SFC의 시장 점유율은 21%에 달한다. 2003년부터 2012년까지 삼성과 LG 다음으로 가장 많은 OLED 관련 특허를 보유한 기업이기도 하다.

경쟁우위 네 번째, 환율 경쟁의 우위

대한민국의 디스플레이 산업 경쟁우위 요소 네 번째는 경쟁국 대비 유리한 환율 조건을 꼽을 수 있다. 중국과 일본의 고환율 압박 속에서 대한민국은 상대적으로 제품 가격에 있어 경쟁력을 확보해왔다.

특히 중국은 미국을 비롯해 국제사회로부터 압력을 받으면서 점진적으로 위안화 절상을 실행해오고 있다. 위안화 절상은 이전과 비교했을 때 수익이 줄어드는 효과로 이어지기 때문에 중국 기업은 이윤을 포기하거나, 줄어든 이윤을 회복하기 위해 제품 가격을 올릴 수밖에 없게 된다. 이때 만약에 중국 제품의 가격이 오를 경우, 미국에서 판매되는 우리나라 제품의 가격 경쟁력은 상대적으로 우세한 위치에 놓이게 된다.

일본 또한 '잃어버린 20년'으로 인해 국제무대에서 상대적으로 가격 경쟁력에서 밀려나게 되었다. 이는 1985년에 있었던 플라자 합의[44]로 거슬러 올라간다. 플라자 합의는 환율 갈등의 대표적인 사례로 손꼽히기도 하는데, 미국은 당시 무역적자를 해결하기 위해 무역 흑자국이었던 일본과 독일에 통화가치를 올리도록 압박을 가했다. 결국, 독일과 일본은 미국 달러화 가치를 떨어뜨리고 일본 엔화와 독일 마르크화 가치를 높이는데 합의를 했고, 그 이후 엔화와 마르크화는 급격하게 절상됐다.

플라자 합의 이후 엔화는 3년간 무려 46.3% 이상 절상됐다. 물론 상대적으로 달러 가치는 떨어졌다. 이렇게 엔화 강세가 되자 일본의 수출 여건은 빠른 속도로 악화됐고, 이것은 곧 통화량 축소로 물가는 하락하고 경기가 침체되는 현상인 디플레이션으로 이어졌다. 이것이 바로 '잃어버린 20년'의 출발이었다.

대한민국은 이러한 중국과 일본 틈에서 상대적으로 유리한 환율 효과를 누려왔으며, 그로 말미암아 가격 경쟁력을 확보하며 디스플레이 시장의 강자로 올라설 수 있었다.

3　제1차 산업전쟁 승리

일본의 융단 폭격

제1차 디스플레이 산업전쟁은 과거 어느 경제전쟁보다 치열했다. 한·중·일 모두 온 힘을 다한 전투였다. 첫 공격은 일본이었다. 일본은 첨단 기술이라는 그들만의 무기로 선제공격을 감행했다. 공격대상은 PDP였다. 당시 세계 PDP 시장은 성장일로였다. 일본은 그들이 가진 무한 자금과 첨단 기술력으로 융단 폭격을 가했다. 순간 대한민국은 당황했다. 일본에 맞설 것인가 아니면 뒤따라갈 것인가 아니면 새로운 활로를 찾을 것인가 주저했다.

1년, 2년 세월이 흐르는 동안 대한민국도 반격을 준비했다. 그때 대한민국은 기술의 일본과 맞서는 대신 새로운 시장을 개척하기로 했다. 먼저 세계 디스플레이 시장을 조사하고 심층 분석했다. 기술의 일본을 방문하는가 하면 생산의 중국을 연구했다. 또한, 세계 핵심 소비자인 미국과 유럽시장도 집중적으로 분석했다. 그 결과 소비자는 더 싸고 더 선명한 디스플레이를 원하고 있다는 사실을 감지했고, 대한민국은 바로 이 대목에 주목했다. 더 싸고 더 선명한 디스플레이, 바로 'LCD'였다.

LCD는 분명 PDP보다 원가도 저렴하고 화질도 더 선명했다. 그러나 디스플레이 시장의 대세는 LCD가 아니라 PDP였다. LCD는 차세대 디스플레이 정도로 인식될 뿐이었다.

기술의 일본도 PDP보다 LCD가 더 좋은 것은 알았지만, 시장의 대세가 아니라는 이유로 외면했다. 대한민국의 반격은 그때부터 시작되었다. 국가 차원의 지원에 이어 기업 차원의 노력이 더해져 LCD 기술을 하나씩 점령해 갔다. 마치 고지를 하나씩 점령하고 적의 심장부로 나아가듯 소리 없이, 그러나 과감하게 진격했다. 그 순간 시장에도 동남풍이 불었다. 대한민국은 그때를 놓치지 않았다. 모든 화력을 총동원해서 LCD 시장에 집중했다. 소형 LCD에 이어 초대형 LCD까지 누구도 상상하지 못한 제품을 만들어냈다.

PDP 시장은 점점 사라지고 그 자리를 LCD가 대체했다. 시장은 광폭으로 성장했다. 덩달아 대한민국 디스플레이 산업도 크게 성장했다. 대한민국은 미국시장을 장악하는데 이어 북미, 유럽, 아시아, 남미에 이르기까지 세계 시장을 하나씩 점령했다. 기술의 일본은 닭 쫓던 개 지붕 쳐다보듯 망연자실 지켜볼 수밖에 없었다. 융단 폭격도 아무런 성과도 없이 헛돈만 쓴 꼴이 되고 말았다.

중국의 인해전술

사실 대한민국은 기술의 일본과 생산의 중국 사이에서 넛 크래커 신세였다. 기술과 품질은 일본에 밀리고 가격은 중국에 밀려 산업 경쟁력을 잃어갔다. 특히 중국의 인해전술은 감당할 수 없었다. 대한민국이 100만 원 제품을 개발하면 중국은 얼마 가지 않아 똑같은 제품을 10만 원에 만들어냈다. 열 배 차이였다.

초기 가격 차이는 1차 산업에 국한되었다. 그러나 시간이 흐르면서 노동집약적 산업까지 '쓰나미'처럼 중국이 점령했다. 세계 제국은 어느 나라도 중국의 인해전술에 맞설 수 없었다. 하나씩 항복을 선언했다. 저항다운 저항도 못해보고 무조건이었다. 대한민국도 예외는 아니었다. 값싼 1차 산업이 중국의 인해전술에 밀리는가 싶더니 이내 노동집약적 산업까지 확대되었다. 손쓸 틈도 없이 폭풍처럼 밀려들었다.

언제부턴가 중국은 디스플레이 산업까지 파고들었다. 무지막지한 인해전술로 동서남북 사방으로 공격했다. 대한민국은 가볍게 외국시장을 잃은 데 이어 얼마 가지 않아 국내시장까지 점령당했다. 뭔가 대책이 필요했다. 정부와 기업이 머리를 맞대었다. 그러나 열 배 차이를 극복할 묘안은 나오지 않았다. 시간은 정신없이 흘러갔다. 중국의 무차별 침공은 예상보다 빨랐다. 소형 저가 디스플레이 시장을 순식간에 장악했다.

대한민국은 반격의 실마리를 찾았다. 명품화였다. 생산의 강자 중국이 엄두도 내지 못할 명품을 만들 수만 있다면 역공이 가능하다고 판단했다. 대한민국은 곧바로 명품의 기준을 정하고 연구개발에 돌입했다. 다시 1년의 세월이 흘렀다. 그리고 삼성과 LG는 모두의 바람대로 LCD 명품을 탄생시켰다. 최첨단 대형 LCD였다.

아무리 생산의 강자 중국이라고 하더라도 도저히 흉내 내지 못하는 크기와 품질이었다. 게다가 원가도 낮고 화질도 선명했다. 인해전술을 구사하던 중국도 몹시 당황했다. 고지가 코앞인 줄 알았는데 그 너머 더 큰 고지가 여럿이었다. 자신만만하던 중국도 망연자실 그 자리에 주저앉고 말았다.

대한민국의 승리

제1차 디스플레이 산업전쟁은 대한민국의 승리로 끝났다. '기술의 일본 생산의 중국'이라고 하지만 대한민국의 저력은 이를 극복했다. 앞서 말했지만, 그 저력은 모두 4가지로 정리되었다. 선제적 투자, 상품역량, 기술역량 그리고 환율 효과가 그것이다.

사실 선제적 투자는 과거 누구도 흉내 내지 못했던 과감한 의사결정이었다. 경제규모도 그렇거니와 기업현실도 막대한 투자는 부담되었다. 그러나 정부나 기업 모두 생즉사 사즉생(生卽死 死卽生, 살고자 하면 죽을 것이요 죽고자 하면 살 것이다) 정신으로 전투에 임했다. 그 결과 넛 크래커의 위기를 극복했다. 과감한 선제투자가 오히려 기회를 제공했다.

상품역량도 마찬가지였다. 기술의 일본은 당연히 우리보다 더 잘 만들 수 있다. 그러나 적기공급은 다르다. 대한민국은 'GSCM'이라는 글로벌 공급망 관리 시스템을 도입하고 세계 소비자가 원할 때 곧바로 제품을 공급했다. 이는 재고부담을 줄여 원가를 절감하는 동시에 소비자 만족을 이끌어냈다. 세계 소비자는 삼성과 LG를 주목했다.

기술력도 마찬가지였다. 과거 기술하면 일본을 지목했지만, LCD는 달랐다. 대한민국이 먼저 기술개발을 시작했으며 정부와 기업의 피나는 노력 끝에 세계 최고의 기술력을 확보할 수 있었다. 이는 곧바로 기업 경쟁력으로 작동했다.

환율 효과도 경쟁력을 향상시키는 원동력이 되었다. 미국과 일본, 미국과 중국이 환율전쟁을 벌였다. 그 사이 대한민국은 특별한 혜택을 받았다. 원화절하로 제품의 가격 경쟁력을 확보한 것이었다. 대한민국은 이 기회를 철저히 활용했다. 세계 시장을 상대로 전방위 마케팅을 펼쳤다. 그 결과 기술의 일본을 넘어서고 생산의 중국을 따돌렸다.

이처럼 대한민국은 분명 제1차 산업전쟁을 승리로 이끌었다. 그 결과 디스플레이 산업이 세계 1등으로 자리매김했으며 대한민국도 2013년 세계 9위 무역대국으로 성장했다.

03

제2차 디스플레이 산업전쟁

Industrial War The Five

1 넘버원의 위협과 기회

기회에서 위협으로

앞서 살펴본 대로 대한민국은 선제적 투자와 혁신적인 상품화 역량, 앞선 기술과 환율 경쟁력을 통해 세계 디스플레이 산업의 최강자로 올라섰다. 지난 10년간은 이 모든 요소가 찰떡궁합을 이루며 우리의 디스플레이 산업을 발전시키는 견인차가 되었다.

하지만 정상의 자리는 언제나 추격의 위협을 받으며 추락의 위기에 놓여 있는 법이다. 대한민국의 디스플레이 산업 역시 마찬가지다. 지금까지 성장과 발전의 원동력이 되어왔던 네 가지 요소가 언제까지나 호재이자 기회로 작용할 수 있을지는 누구도 장담할 수 없기 때문이다.

실제로 대한민국의 선제적인 투자 경쟁력은 중국과 대만의 위협에 고스란히 노출되어 있다. 특히 중국 기업들은 정부의 지원을 등에 업고 생산설비에 과감한 투자를 함으로써 대한민국이 그동안 쌓아온 규모의 경제 효과를 위협하고 있다.

우리의 혁신적인 상품 경쟁력도 중국의 추격 앞에 쉽게 흔들릴 수 있다. 그동안 중국이 저가의 모방 제품을 만들어오며 남모르게 쌓아온 제조 경쟁력이 어느새 우리의 상품력을 따라올 만큼 성장했기 때문이다.

세 번째 경쟁우위였던 기술역량마저도 점차 다른 기업과의 격차가 줄어들면서 위협받고 있다. 중국은 대만의 기술력을 흡수하면서 빠르게 경쟁력을 높여가고 있고, 일본 또한 여전히 높은 기술 경쟁력을 유지하고 있기 때문에 대한민국이 지금과 같은 경쟁력을 유지하기란 결코 쉽지 않다.

여기에 환율 효과에 기댄 가격 경쟁력도 이제는 옛이야기가 되고 있다. 중국의 위안화 환율 정책에서 변화가 감지되고 일본의 엔저 정책도 상당한 부담으로 작용한다. 이런 상황이라면 우리나라 제품의 가격 경쟁력이 떨어지는 것은 그리 멀지 않은 일로 보인다.

이런 점에서 대한민국은 그동안의 디스플레이 산업전쟁에서 승기를 잡고 글로벌 1위 자리에 올랐지만, 이것을 유지할 수 있을 것인가에 대해서는 누구도 확신할 수 없다. 어쩌면 이제는 강자의 자리를 내어줘야 할 만큼 위태로운 수준일 수도 있다.

차이완(Chiwan)의 진격

가장 우려되는 것은 그동안 누려왔던 가격 경쟁력에 대한 위협이다. 앞서 언급한 것처럼 우리 기업들은 과감한 선제적 투자로 대규모 생산능력을 갖추고 규모의 경제 효과를 누려왔다. 하지만 최근 후발주자들의 추격이 예사롭지 않다. 중국(China)과 대만(Taiwan), 즉 차이완(Chiwan) 패널 업체들이 점차 원가 경쟁력을

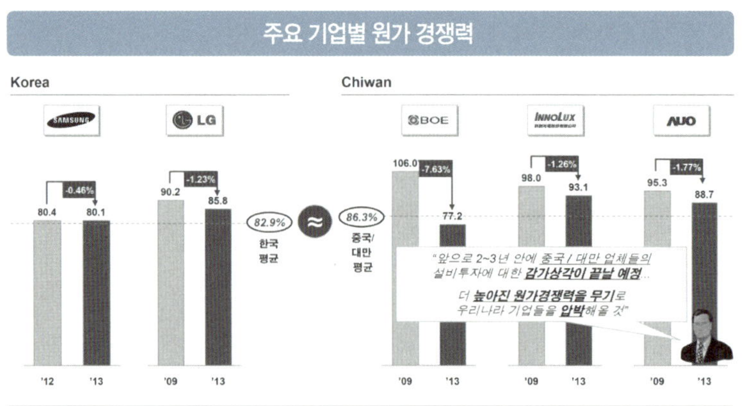

1) 매출원가/매출액(COGS/Sales)
Source: 각 사 Annual Reports, KIET 디스플레이 Expert Interview

확보하며 우리 기업을 바짝 추격해오고 있다.

특히 중국과 대만 기업들은 앞으로 2~3년 이내에 설비투자에 대한 감가상각기간을 끝내고 원가 경쟁력을 회복할 수 있을 것으로 보인다. 이렇게 되면 현재 대한민국의 원가 경쟁력은 평균 82.9%, 차이완은 86.3% 수준이지만, 앞으로는 이 격차가 점차 좁아질 것이다. 그러면 중국과 대만 업체들은 더 높아진 가격 경쟁력을 무기로 대한민국 기업을 압박해올 것이 분명하다.

무엇보다 중국기업들의 빠른 추격의 바탕에는 중국 정부의 파격적인 지원 덕을 빼놓을 수 없다. 중국은 정부 차원에서 자금 지원, 세제 혜택, 자국 기업 보호정책 등 3대 전략을 통해 디스플레이 기업의 육성에 나섰다.

다양한 보조금과 투자금을 지원해 우리와 벌어진 격차를 좁힐 수 있도록 정부 차원에서 나서고 있는 셈이다. 실제로 CSOT[45]에는 78억 위안(한화로 약 1조 3,539억 원), BOE[46]엔 34억 위안(한화로 약 5,902억 원)의 자금을 지원하는가 하면 부채 면제를 통해 자금 압박의 부담을 덜어주었다. 여기에 8세대 설비 구축을 위한 시와 성 정부 차원의 공통 투자도 이어졌다.

또한, 중국의 디스플레이 업체들은 디스플레이 산업이 상당한 첨단 기술로 인정받고 있는 덕분에 이에 따른 파격적인 세제 혜택도 누리고 있다. 25%에 달하는 법인세를 15%로 인하해줌으로써 22%에 달하는 우리 기업들보다 상대적으로 경쟁력이 있다.

기업들이 절세를 통해 확보된 자금을 기술과 설비 혁신을 위해 재투자한다면 이는 단순한 비용 절약 효과에서만 그치는 것이 아니라 추가적인 경쟁력 확보의 효과로도 이어지게 되므로 몇 배의 효과를 보는 셈이다. 이런 가운데 중국은 자국 기업 보호 정책도 강력하게 펼치고 있다.

LCD 패널이나 편광판 등과 같은 부품이 들어올 때는 기존보다 높은 관세율을 적용함으로써 높은 진입장벽을 세우고 관련 부문에 대한 외국기업의 진입을 어렵게 만들고 있다. 특히 외국 기업

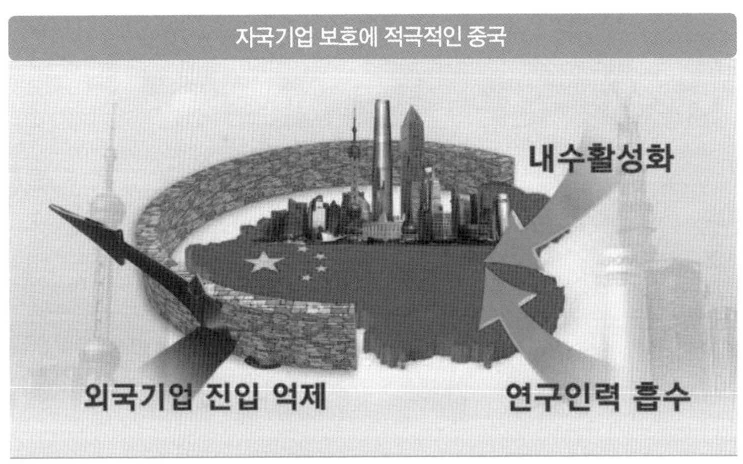

자국기업 보호에 적극적인 중국

이 중국에 신규로 투자하고자 할 때 사전 승인을 받도록 하는 등 까다로운 사전 절차를 두고 있다. 이렇게 외국기업에 대해서는 진입 억제 정책을 펼치고, 중국 기업에 대해서는 자국산 제품 구매 촉진 운동마저 벌이며 중국기업 육성에 정부가 적극적으로 나서고 있다. 자국 산업을 육성하기 위해 수단과 방법을 가리지 않고 지원하고 있는 셈이다.

또한, 중국 정부는 기업뿐만 아니라 소비자들을 대상으로도 구매 보조금을 지급해 내수 시장을 키워나가고 있다. 소비자들이 중국 기업의 LCD TV를 구매하는 경우 화면 크기에 따라 최저 100위안에서 최고 400위안까지 보조금을 지급하고 있기도 하다. 실

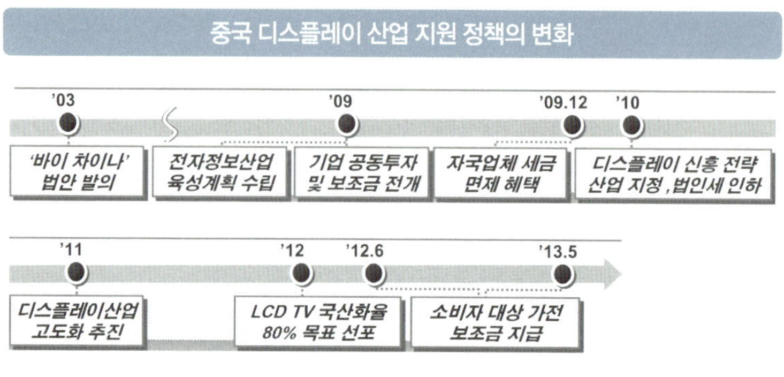

제로 중국 정부의 이러한 정책 효과는 어마어마한 파급을 불러오고 있다. 정책을 시행한 2013년 신년 연휴 기간에만 TV 판매량이 전년 대비 40%나 성장했을 정도다.

이러한 중국 정부의 전폭적인 지원은 중국 디스플레이 업체들의 빠른 성장을 견인하고 있다. 이것이 지난 10년 사이 중국이 일본과 대한민국을 바짝 추격해올 수 있었던 비결이다.

무엇보다 중국은 산업 경쟁력을 강화하기 위해 대만의 기술력과 인력 등의 인프라를 매우 적극 활용하고 있다. 내수용 LCD 패널의 대부분을 대만 업체들로부터 사들이고 있다. 하이센스, 스카이워스, 창홍, 하이얼, 콘카, TCL, SVA 등 중국의 9대 TV 업체들은 대만의 AUO, CMO, CPT 등 3대 LCD 패널 업체와 2010년 총

중국의 디스플레이 산업 강화를 위한 대만의 활용

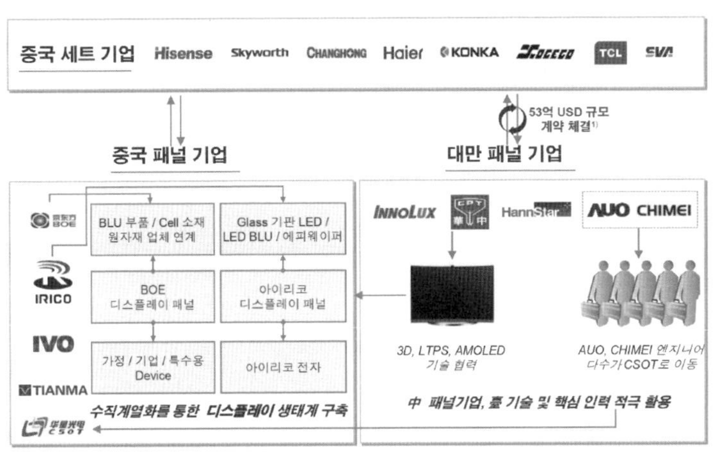

1) '13년 연평균환율 기준 약 5조 8,194억 원
Source: Press Releases, Expert Interview

53억 달러(한화로 약 5조 7,000억 원) 규모의 LCD 패널 구매 계약을 체결하기도 했다. 이는 2009년 대비 무려 56%나 급증한 규모였다. 이후에도 중국의 대만 LCD 구매 금액은 계속 증가하고 있다.

상대적으로 중국이 대한민국으로부터 사들이는 LCD 패널 구매 금액과 비율은 급감하고 있다. 중국과 대만의 협력 관계가 갈수록 공고해지지만, 한국과는 점점 거리를 두고 있다.

중국 패널 기업들과 대만의 패널 기업 간의 기술 협력도 매우 활발하다. 중국은 대만으로부터 3D[47], LTPS(저온폴리실리콘)[48], 능동형 OLED(AMOLED)[49] 기술을 흡수하는 한편, AUO나 CHIMEI의 엔지니어 다수도 중국 기업으로 이동시켜 중국의 엔지니어링 역량과 패널 생산 역량을 더욱 강화시키고 있다. 이러한 양적 성장을 토대로 BOE, 아이리코 등 중국 패널 기업들은 수직계열화를 가속화하고 있다. 삼성, LG 등이 완제품에서 부품소재에 이르는 수직계열화를 추진했던 전례를 그대로 벤치마킹하는 것이다. 이러한 중국 디스플레이 업계의 모든 움직임은 대한민국에 상당한 위협 요소다.

지금까지 대한민국이 압도적 수준의 생산 능력과 뛰어난 기술 선도 능력으로 1등자리를 유지해왔다면, 중국은 정부의 막강한 지원을 등에 업고 산업 역량을 강화하며 뒤를 바짝 추격하고 있다. 앞으로 중국의 추격 속도는 더욱 빨라질 것이며, 중국 현지에 수출하는 국내 후방산업군도 이에 따라 타격을 받을 가능성이 커지고 있다.

여기에 더해 중국은 높아진 세트 브랜드 위상을 바탕으로 일본의 유휴 생산시설과 우수 인력들을 흡수하는 움직임까지 보이고 있다.

2013년 7월, 중국 CEC는 일본의 샤프와 공동 투자를 해서 중

중국기업의 생산시설과 인력 확충

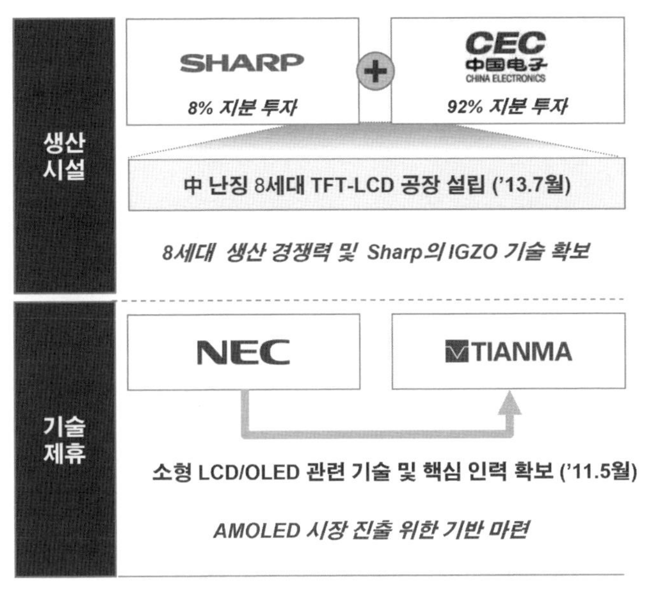

국 난징에 8세대 TFT-LCD 공장을 설립하기도 했다. 이러한 생산시설 결합으로 CEC는 8세대 생산 경쟁력을 확보하는 한편, 샤프의 기술까지 흡수할 수 있었다. 특히 CEC가 흡수한 기술 중 샤프의 IGZO(이그조) 기술은 사용 전력을 획기적으로 줄여주는 것으로 샤프가 사운을 걸고 개발한 기술이다.

또한, 2011년 5월엔 일본의 NEC와 중국의 TIANMA가 기술

제휴를 맺었다. 덕분에 TIANMA는 NEC의 소형 LCD 및 OLED 관련 기술 노하우와 핵심 인력을 흡수할 수 있었다. TIANMA는 이렇게 확보한 기술을 바탕으로 AMOLED 시장 진출을 위한 기반을 마련했고, 앞으로 이 분야에서 막강한 경쟁력을 확보할 것으로 보인다.

이처럼 중국 정부는 엄청난 자본력을 동원해 자금난에 허덕이고 있는 일본 업체들을 차례로 포섭하고 있다. 예전에는 일본의

중국 디스플레이 투자 비중 증가

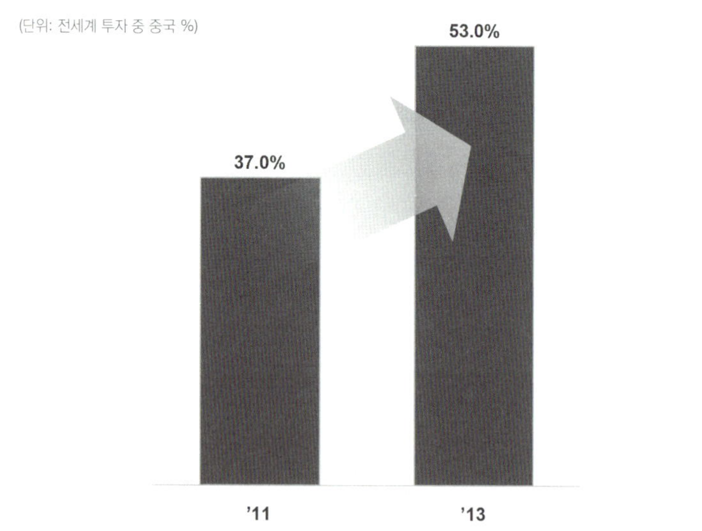

전세계 디스플레이 설비 투자 금액의 50% 이상이 중국에서 집행

Source: DisplaySearch, IHS Report, 산업연구원

고급 기술력을 지닌 높은 직급의 엔지니어만 찾았다면, 요즘은 전략 부문의 실무진까지 직급과 직무를 막론하고 끌어들이는 양상이다. 그 강도와 빈도가 점점 더 높아지고 있어 앞으로 중국 업체들의 도전은 더욱 거세게 전개될 것으로 보인다.

이렇듯 중국은 대만과 일본의 기술과 인력을 흡수하면서 진격

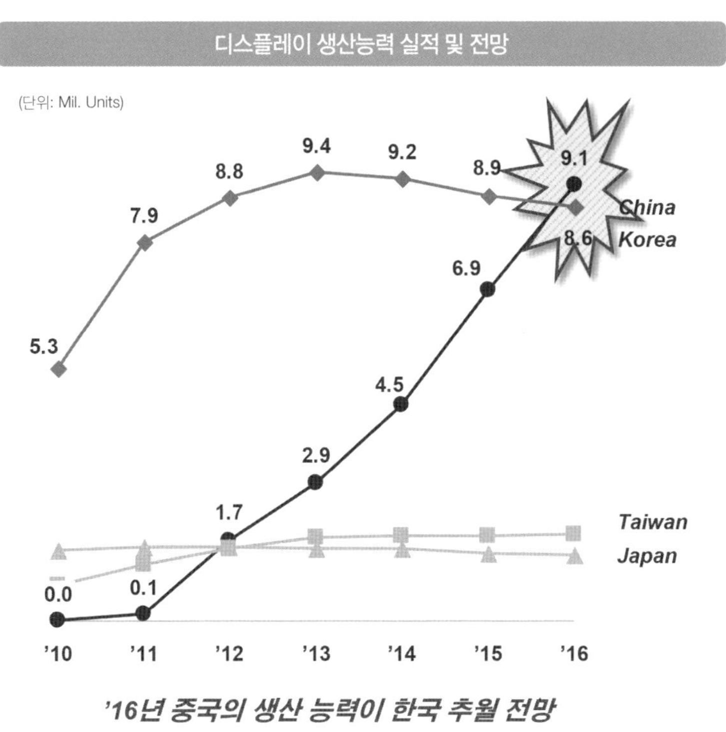

1) LCD 8세대 기준
Source: DisplaySearch, IHS Report, 산업연구원

의 투자를 확대하고 있다. 전 세계적으로 벌어진 투자 가운데 중국에서 벌어진 투자가 차지하는 비중이 2011년 37%에서 2013년 53%까지 증가할 정도로 중국의 투자는 질적으로나 양적으로나 크게 늘고 있다.

중국이 이처럼 지속해서 디스플레이 산업에 대한 투자를 이어간다면 지금보다 더욱 생산 능력이 확대되고 규모의 경제를 가지게 될 것이다. 이는 당연히 대한민국 기업에 대한 위협으로 작용할 수밖에 없다. 업계 전문가들은 2016년 무렵엔 중국의 생산 능력이 대한민국을 추월하게 될 것으로 전망하고 있다.

모방에서 기술력으로

앞서 설명한 대로 대한민국의 혁신적인 상품화 역량은 이미 글로벌 시장에서 정평이 나 있다. 이를 통해 글로벌 시장 점유율을 높여왔으며 막강한 경쟁력을 누려왔다. 하지만 최근 중국의 주요 세트 업체들의 움직임이 심상치 않다. 이미 이들은 다양한 제품 구색을 갖추고 저가 전략을 통해 시장을 잠식하고 있다. 우리나라 제품보다 기능적인 면에서나 품질면에서 뒤처지긴 해도 TV, 휴대폰 등의 영역에서 상당히 경쟁력 있는 제품들을 내놓고 있다.

자국 내 TV 시장 가격 비교

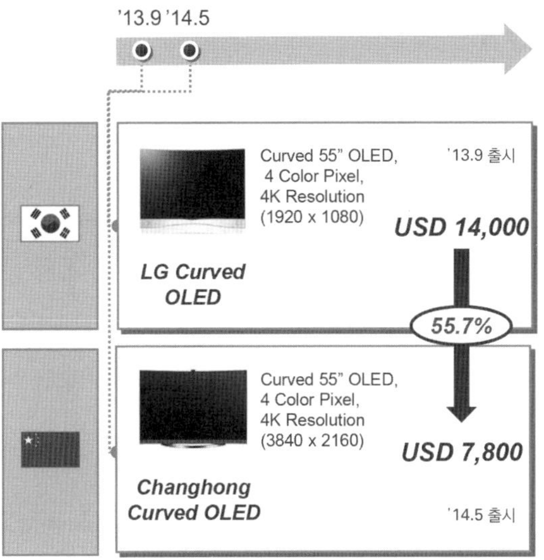

자국 내 TV 시장 점유율 86.0%
(한국 M/S = 8.6%)

전문가들이나 하이테크 마니아들이 아니고서는 크게 뒤처지는 것을 느끼지 못할 만큼 제품은 경쟁력을 갖추고 있다. 특히 소비자들에게 우리 제품보다 상대적으로 월등하게 저렴한 가격이 호감을 주면서 호응을 얻고 있다. 따라서 중국의 저가 전략은 우리에게 매우 강력한 위협일 수밖에 없다.

실제 LG의 곡면 OLED TV가 1만 4,000달러에 판매되고 있는

자국 내 휴대폰 시장 가격 비교

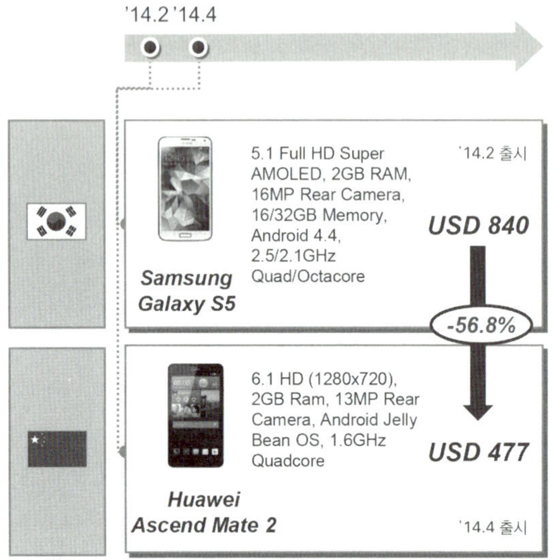

반면, 중국 기업인 창홍의 곡면 OLED TV는 7,800달러에 판매되고 있다. 중국 제품이 55.7% 저렴한 수준이다. 상황이 이러다 보니 중국 기업의 자국 내 TV 시장 점유율은 당연히 높아질 수밖에 없다. 실제로 대한민국 기업의 점유율은 8.6%인데 반해 중국 기업의 점유율은 86%에 달해 10배의 차이가 벌어지고 있다.

휴대폰도 마찬가지다. 삼성 갤럭시S5는 중국에서 840달러에 판매되고 있고, 이와 동급의 기능을 갖춘 화웨이의 프리미엄 휴대폰인 어센드메이트2(Ascend Mate2)는 477달러에 판매되고 있다. 중국 제품이 대한민국 제품보다 약 56.8% 저렴하다. 따라서 삼성 제품에 대한 마니아 고객이 아니고서는 두 배 이상 비싼 갤럭시S5를 살 고객은 없을 것이다. 이러한 가격 경쟁력에 힘입어 TV에 이어 휴대폰 분야에서도 중국 기업의 자국 시장 점유율은 매우 압도적이다. 중국 기업의 휴대폰 시장 점유율은 73.1%, 대한민국 기업의 점유율은 16.8%로 4배 이상의 차이를 보이고 있다.

심지어 2014년 ZTE에서는 스마트폰을 99달러에 내놓아 큰 화제를 모은 바 있다. 우리나라에서 갤럭시S5를 내놓을 때의 가격과 비교하면 거의 90% 정도 저렴한 가격으로 시장에 내놓고 있는 셈이다. 또한, ZTE는 최고급 스마트폰을 50달러 이하로도 만들기 위해 노력하고 있다고 밝혔다. 가격의 공습이 날이 갈수록 거세지고 있는 셈이다.

ZTE의 99달러 휴대폰

결국, 중국의 공습은 실적으로 고스란히 나타나고 있다. 2014년 8월, 영국의 시장조사업체 캐널리스에 따르면 중국 스마트폰 제조업체 샤오미는 2014년 2분기 중국 시장에서 스마트폰 1,499만 대를 판매해 점유율 14%를 기록하며, 사상 처음으로 삼성을 앞질렀다. 같은 기간 삼성전자 판매량은 1,323만 대, 시장 점유율 12%로 1등 자리를 내주고 말았다.

2014년 1분기만 하더라도 삼성전자의 시장 점유율은 18.3%, 샤오미는 10.7%였다. 중국이 대한민국을 따라잡으려면 더 많은 시간이 걸릴 것이라고 예상했지만, 중국의 추월은 생각보다 빠르게 진행되고 있다. 자국 제품을 선호하는 중국 국민의 정서와 중국 정부의 암묵적인 지원에 힘입어 중국 기업의 역습은 더욱 거세질 것이다.

최근에는 차이나유니콤, 차이나모바일, 차이나텔레콤 등 3대 이동통신사들이 삼성이나 애플 등 고가의 휴대폰에 대한 보조금을 축소하기로 해 중저가 중국산 제품의 시장 침투는 더욱 확대될 전망이다. 이는 중국 국무원의 국유자산감독 관리위원회(국자위)가 3년 내 휴대폰 보조금과 제품광고 지원비 등을 포함한 마케팅 비용을 축소하도록 함에 따라 이어진 방침이다. 실제로 2014년 5월 KIET(한국산업기술평가관리원)[50]에서 나온 보고서에 의하면

2016년 글로벌 시장에서 중국의 휴대폰 점유율이 대한민국을 제치고 1등으로 올라갈 것이란 전망이 있었다. 이미 중국 내수 시장에서 중국 제품이 대한민국 제품을 제치기 시작했으니, 이것이 세계 시장에서도 현실화되는 것은 그야말로 시간문제일 것이다.

중국의 기술력 공습은 휴대폰만이 아니라 TV 시장에서도 예외가 없다. 지난 몇 년 사이 TV 시장은 LCD TV에서 OLED TV로 넘어가는 듯했지만 UHD TV[51] 시장이 징검다리 시장으로 새롭게 만들어지면서 새로운 경쟁 양상으로 이어졌다. 특히 중국은 세계 UHD TV 시장에서 84%의 점유율을 차지할 정도로 우세하다. 중국 내 UHD TV 시장에서도 막강한 경쟁력을 보였다. 중국 기업은 약 88.3%에 달하는 점유율을 확보했지만, 삼성과 LG는 각각 3.2%, 1.6%로 총 4.8%의 점유율을 기록하는데 그쳤다.

글로벌 시장에서 가장 중요한 시장으로 꼽히는 북미지역에서도 중국산 제품의 점유율은 53.7%에 달한다. 일본이 22.8%로 추격하고 있지만, 격차가 상당하다. 대한민국은 21.8%에 그쳤다.

이처럼 대한민국 기업은 가장 큰 수요를 가지고 있는 중국 시장에서도 중국 기업의 텃새에 밀려 힘을 못 쓰고 있고, 안타깝게도 미국에서마저 중국과 일본에 상당히 밀리는 모습을 보이고 있다.

최근 대한민국 업체들의 점유율이 조금씩 회복되고 있다고 하

중국 시장·북미 시장 UHD TV[1] 점유율

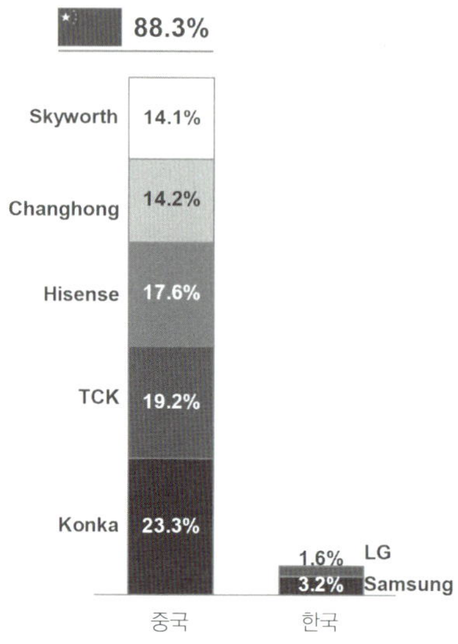

• 북미 시장

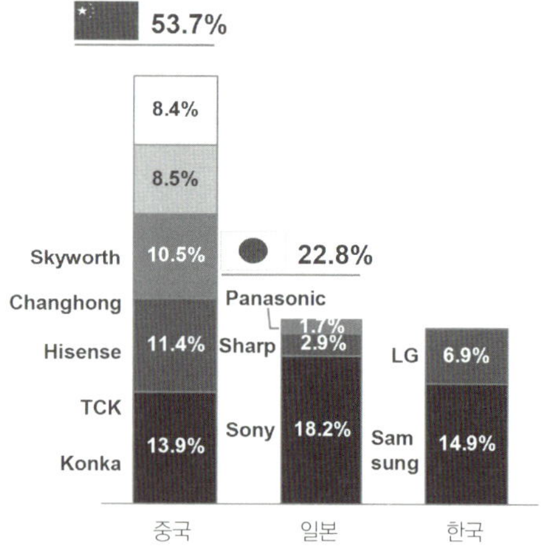

1) 4K UHD 기준
Source: 2013 DisplaySearch, ADL Analysis

지만, 기술 혁신에 따른 원가 절감과 가격 경쟁이 치열해지면서 앞으로의 싸움도 쉽지 않다. 실제 UHD TV의 인치당 가격(AAP, Area Average Price)은 2012년 UHD TV가 처음 등장했을 때 상당히 고가였지만 불과 2년 만에 86%나 가격이 내려갔다.

중국, 북미 시장만 살펴보더라도 UHD TV의 평균 판매 가격이 90% 가까이 하락했다. 거의 '폭락'에 가까운 수준이다. 물론 마케팅 전략상 신제품 출시 초기에는 고가 전략을 취하고 차츰 가격대를 낮춰간다고는 하지만, 특히 UHD TV는 기존 LCD TV를 응용한 제품으로서 가격 하락 속도가 다른 제품들에 비해 훨씬 빠른 편이다. 심지어 중국 샤오미(Xiaomi)의 경우 49인치 4K TV를 65만 원 선에서 판매하고 있다. 휴대폰 가격보다 싼 UHD TV를 판매하고 있는 셈이다.

중국의 이런 모습이 더욱 위협적으로 느껴지는 이유는 성숙기에 접어든 LCD 시장의 후퇴와 맞물리기 때문이다. 최근 10년 사이 LCD 패널 수요는 56% 넘게 하락했고, 이런 추세는 앞으로 더욱 빨라질 것이다. 여기에 최근 조금씩 회복되던 패널 업체들의 수익성마저 점차 줄어들면서 차차 악순환의 고리로 이어지고 있다. 이는 곧 기업이 재투자하거나 소비자들에게 혜택을 줄 수 있는 여지가 줄어든다는 것을 의미한다.

UHD TV의 AAP(면적당 공급가격)[1]와 ASP(평균 판매 가격)[2]

• AAP

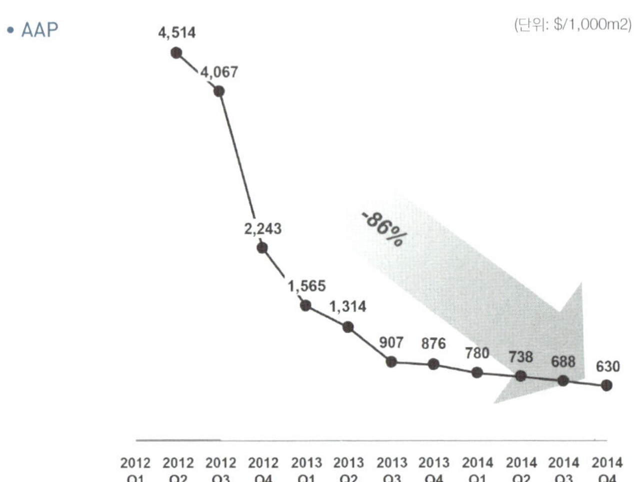

• ASP

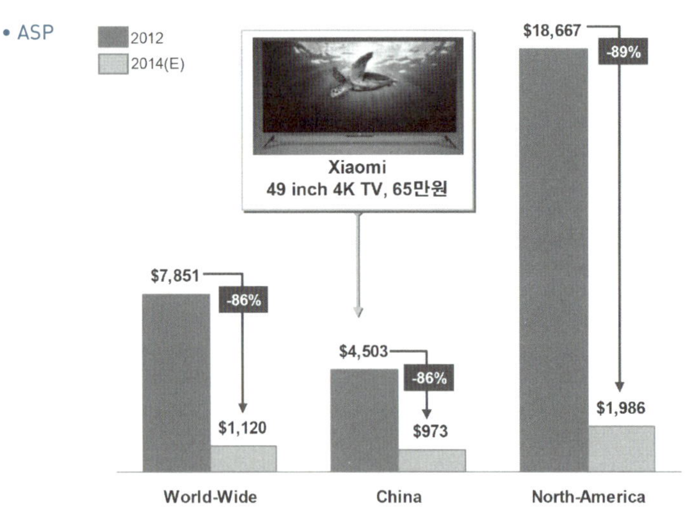

1) Area Average Price, Panel 면적당 공급가격
2) Average Selling Price, 4K UHD, 2013 DisplaySearch

LCD 패널 수요

(단위: Bill. Units, %)

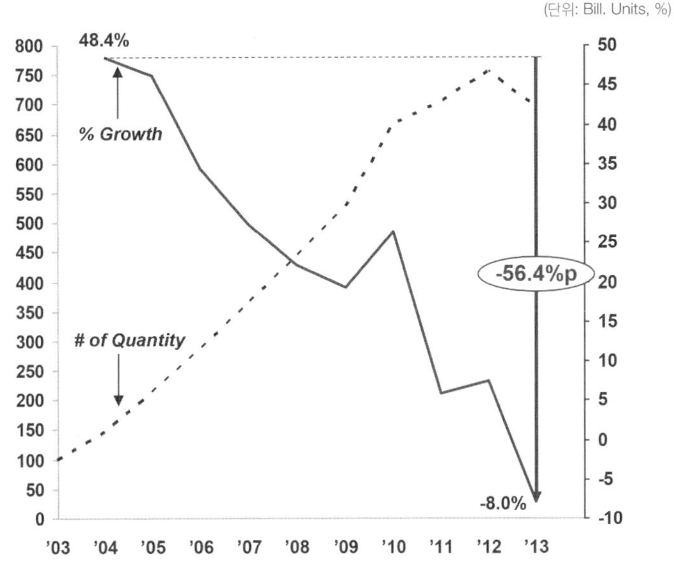

30" 이상 TFT-LCD 패널
Source: DisplaySearch

이런 점에서 볼 때 대한민국이 앞으로 승부를 걸어야 할 곳은 OLED 시장으로 보인다. OLED 시장은 그동안 우리가 가장 기대해왔고, 노리고 있는 시장이기도 하다. 하지만 OLED 시장의 개화 속도가 예상했던 것보다 느리다는 맹점이 있었다. 다음의 그래프처럼 OLED 시대가 열릴 것이라고 예상했던 시기의 시장 규모 예측치와 실제 수정된 전망이 상당한 차이를 보인다는 것을 알 수 있다.

OLED 시장 개화 속도

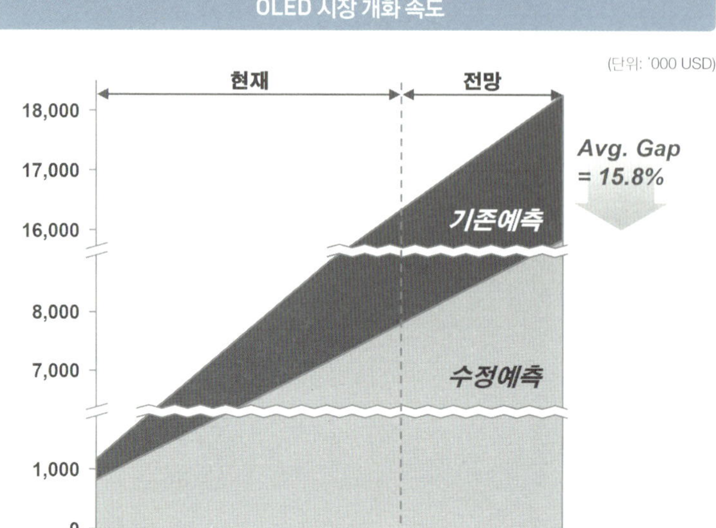

Source: DisplaySearch & 지식경제부 Forecast Data, 4Q 2009 / '09-'13 Actual Data +'14-'15 DisplaySearch Forecast Data, 1Q 2014

이처럼 더뎌지는 OLED 시장에는 몇 가지 이유가 있다. 기술적으로 풀어야 할 난제도 있고, 가격도 너무 높다. 이 때문에 화질, 패널 크기, 두께 등이 이미 모두 만족스러운 UHD 가전과 기기를 두고 세 배가 넘는 가격의 OLED를 구매하지 않는 것이다.

이런 한계들로 OLED 시장의 수요 창출이 어려워지고 있고, 더불어 시장의 개화도 늦어지고 있다. 이 때문에 대한민국은 OLED

시장을 통해 디스플레이 산업을 다시 한 번 선도적으로 끌고 가려고 했지만, 현재로서는 한 박자 쉬어갈 수밖에 없는 상황이다. 앞으로도 OLED 수요를 창출하기까지는 상당한 시간이 걸릴 것으로 보여 여전히 아쉬움이 남는다.

취약한 부품소재 기술력

언제나 그랬듯 디스플레이 기술은 더 얇아지고, 가벼워지며 선명해지는 방향으로 진화할 것이다. 산업기술평가원에 따르면 앞으로 디스플레이는 더 가벼워지며 유연해지고 더 커지며 실감나게 만들고 다양한 기능을 탑재할 것이라 전망했다.

부품소재 시장도 급속히 팽창할 것으로 전망했다. 2013년 7억 8,900만 달러였지만 2014년은 11억 5,400만 달러로 성장할 것으로 예측했다. 2015년은 16억 달러, 2016년은 23억 달러 그리고 2017년은 28억 9,000만 달러로 급성장할 것으로 전망했다.

문제는 대한민국의 부품소재 경쟁력이다. 시장 장악력만큼 부품이나 소재 장악력은 따라가지 못한다. 일본의 기술력 앞에 무릎을 꿇은 모양새다. 따라서 대한민국에게 부품과 소재 경쟁력의 확보는 매우 중요하고도 시급한 일이 되었다.

디스플레이 기술 발전 및 미래 전망

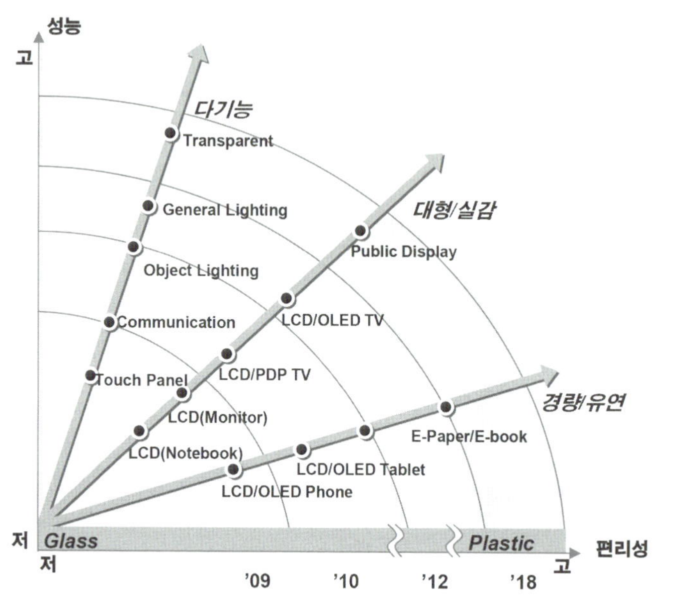

Source: 산업기술평가원, Fuji Chimera, ADL Analysis

우리는 그동안 뛰어난 기술역량을 가지고 글로벌 시장에서 경쟁우위를 가져왔지만, 부품이나 소재 분야는 상대적으로 매우 취약했다. 이는 한국 디스플레이 산업의 장래를 어둡게 하는 또 하나의 요인이 되고 있다. 만약 부품소재·장비 등 국내 후방 산업을 양성하지 않는다면 머지않아 디스플레이 산업 경쟁력은 곤두박질치고 말 것이다.

부품소재 시장 전망

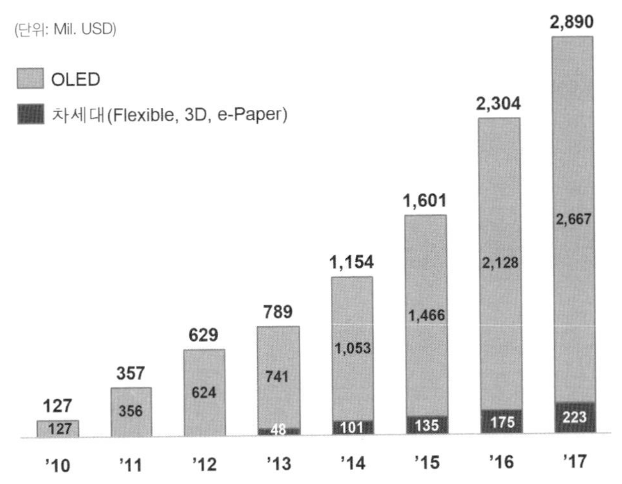

Source: ADL Analysis

소재 분야 한국과 일본의 점유율 비교

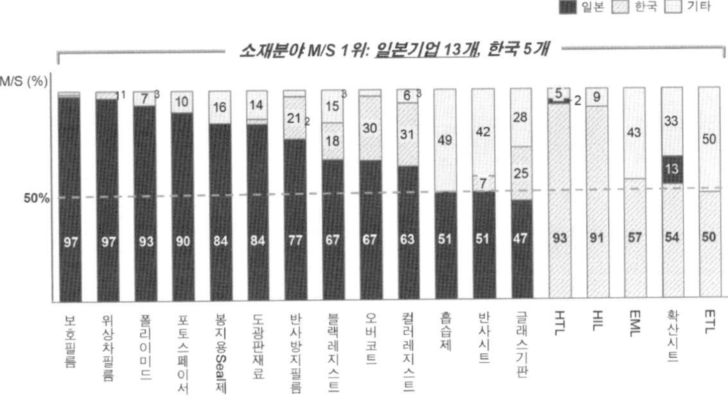

Source: ADL Analysis

물론 한국 정부와 산업계는 소재와 부품 경쟁력을 강화하기 위해 많은 노력을 기울이고 있다. 하지만 이 역시 그리 빠른 시작이 아니었다. 한국은 2001년 부품소재특별법을 제정해 부품소재 산업 육성에 대한 중요성을 인식하도록 했지만, 이미 일본은 1980년대부터 경제 산업성을 중심으로 첨단소재 분야에 대한 연구개발을 중점적으로 지원해왔다. 한국과 일본 사이엔 약 20년 이상의 업력 차이가 존재하고 있다. 그 결과 디스플레이 소재 분야에서는 일본 기업이 절대적으로 경쟁우위를 보이고 있다.

소재 분야에서 시장 점유율 1위를 하는 업체는 일본 기업이 13개, 한국 기업이 5개 정도다.

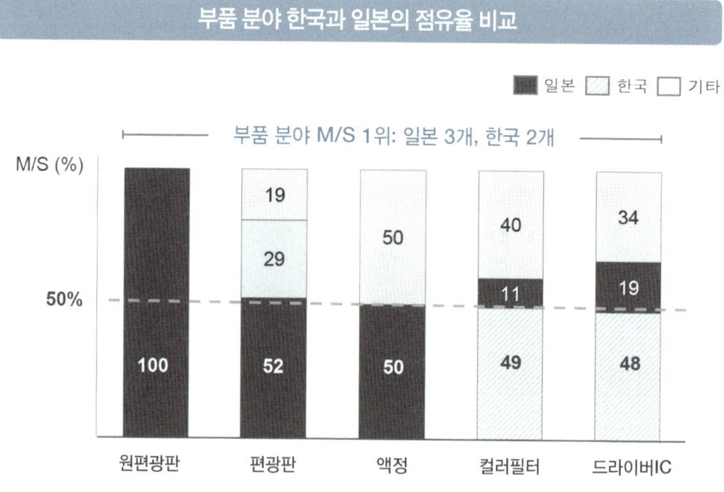

Source: ADL Analysis

부품 분야에서 시장 점유율 1위를 차지하고 있는 일본 기업은 3개, 한국 기업은 2개로 큰 차이를 보이지 않지만, 소재 분야에서는 경쟁력이 크게 떨어지고 있다. 이러한 기술적 격차를 따라잡기 위해선 앞으로 더욱 많은 노력이 필요하다. 왜냐하면, 중국의 추격 역시 만만치 않을 것이기 때문이다. 중국은 최근 2010년부터 부품소재설비를 국산화하기 위해 국가 차원에서 지원을 아끼지 않고 있다. 이렇듯 일본의 선제적 공략과 함께 중국의 추격마저 거세지면서 대한민국의 소재와 부품 분야도 쉽지 않은 상황이다. 대한민국이 일본과의 기술 격차는 크게 좁히지 못하고 중국에는 쫓기는 '넛 크래커' 신세로 전락할 위기에 놓였다 해도 과언이 아니다.

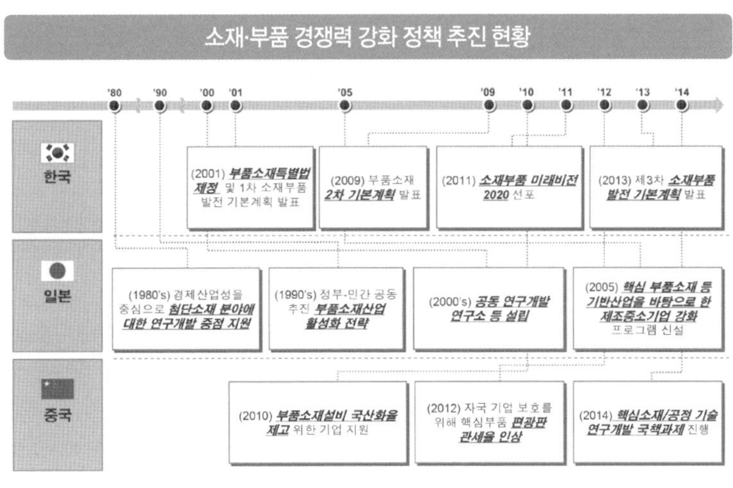

Source: 산업통상자원부, 산업연구원, ADL Analysis

이에 위기를 느낀 대한민국 정부는 여러 가지 정책을 내놓고 있다. 소재와 부품에 대한 R&D를 지원하는 협의체를 만들거나, 기술력이 있는 유망기업 혹은 M&A를 희망하는 기업과 투자기관을 연계해 자금 조달을 지원해주고 있다. 또한, 소재와 부품 기업의 인수를 희망하는 중소·중견기업에 대한 M&A 자금까지 지원하는 정책 등을 수행하고 있다.

하지만 안타깝게도 관련 기업들이 체감하기엔 아직 한계가 있어 보인다. 국내 부품소재 회사의 모 임원의 입을 빌리자면 현재 정부의 부품소재 융합 노력은 기업에 실질적인 도움을 주지는 못하고 있지만, 그럼에도 정부는 지금과 같은 노력을 멈춰서는 안 된다고 강조했다.

국내 중소·중견 기업이 기술력이 있는 유망한 국내외 기업들을 인수해 시장의 선두 주자로서 입지를 유지해나갈 수 있도록 지속적으로 뒷받침해야 한다. 특히 우리가 주력하고 있는 OLED 시대를 대비하기 위해서는 OLED 소재부품 장비 경쟁력을 확보하는 것이 급선무다. 현재로선 소재나 부품 장비의 경쟁력이 턱없이 부족하다.

장비분야 후공정 장비는 에스에프에이, 디이엔티, 야스 등에서

장비 분야의 일본 시장 점유율

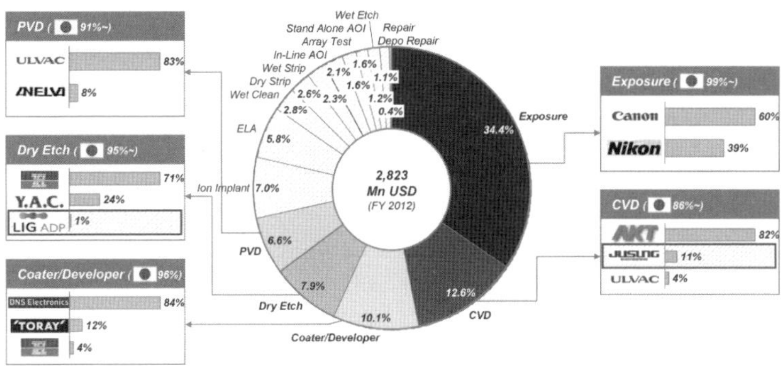

Source: ADL Analysis

대부분 국산화를 하였으나, 전공정 핵심 장비는 아직까지 일본에 의지하고 있다. 최근에 원익IPS, 아바코, 탑엔지니어링, 동아엘텍 등 우리 장비기업의 연구개발로 전공정 장비도 국산화율도 높아지고 있으나 노광기 등 전공정 핵심 장비는 해외에서 전량 수입하고 있는 실정이다.

다행히 OLED와 관련된 주재료 부분은 대체로 국산화율을 60% 보이며 높은 기술적 수준을 확보해두었다. 다만 기판과 필름 부문에서는 국산화 수준이 26% 정도로 상당히 더딘 모습을 보이고 있다.

또한, 플렉시블 디스플레이(Flexible Display)가 앞으로 주목받을 것으로 보이는 가운데 디스플레이 기판 가운데서도 앞으로는 플라스틱 활용이 높아질 것으로 보인다. 디스플레이를 자유자재로 휘어지고 구부릴 수 있게 하는 소재가 바로 플라스틱이기 때문이다. 그 가운데 휘는 성질의 투명 플라스틱 필름(PI, Polyimide, 폴리이미드)은 플라스틱 제품 중 내열성이 매우 뛰어나고 내화학성, 절연성도 좋아 가장 주목받는 소재다. 그러나 PI 필름 부문에서 경쟁력을 가진 업체들은 대부분 일본계 업체로, 일본 기업들이 시장의 55% 이상을 장악하고 있다.

일본 도레이(Toray)는 1985년 미국 화학기업인 듀폰과의 조인

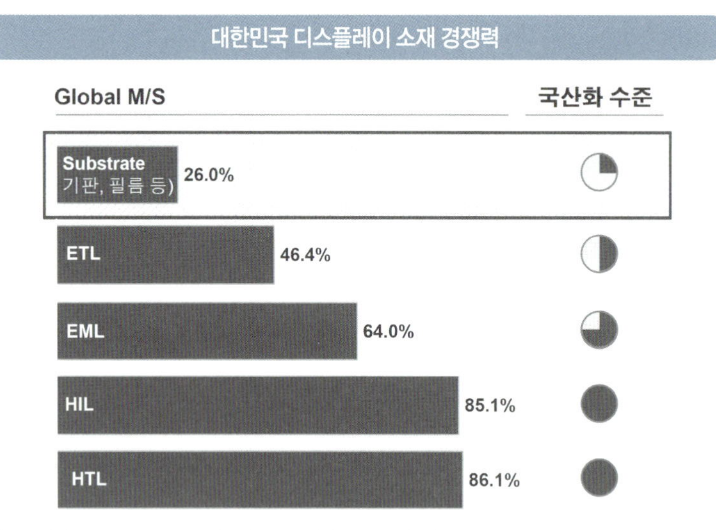

Source: Fuji Chimera, ADL Analysis

트 벤처를 통해 PI 필름 생산 체계를 구축했고, 카네카(Kaneka)는 1980년대 중반 얼라이드시그널(Allied Signal)과 협력해 PI 필름을 개발했다. UBE는 1970년대 후반 자체 기술을 개발해 1981년부터 PI 필름을 생산하기 시작했다.

다만 희망적인 것은 대한민국의 SKC와 코오롱이 2008년 각 사의 PI 사업 부문을 합병해 본격적으로 PI 필름 생산에 돌입해 현재는 약 15% 정도의 시장 점유율을 확보하고, 그 영역을 꾸준히

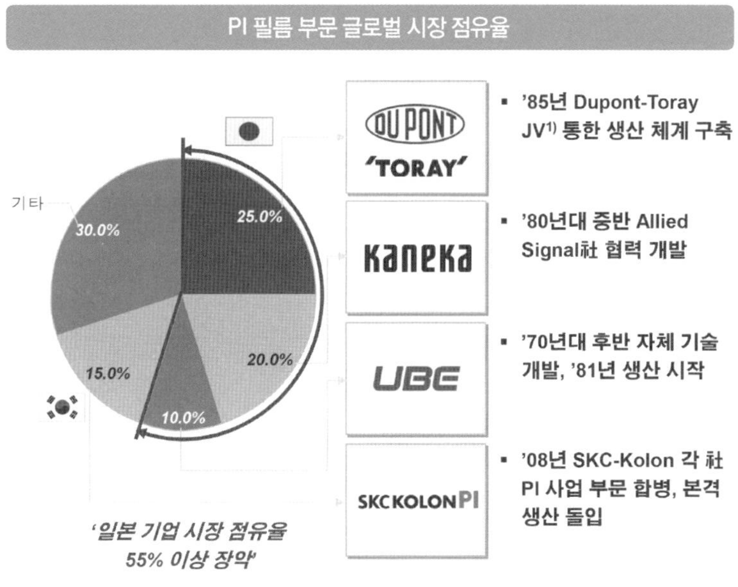

1) Joint Venture
Source: DisplaySearch, ADL Analysis

한국과 일본의 기술 수준 비교[1]

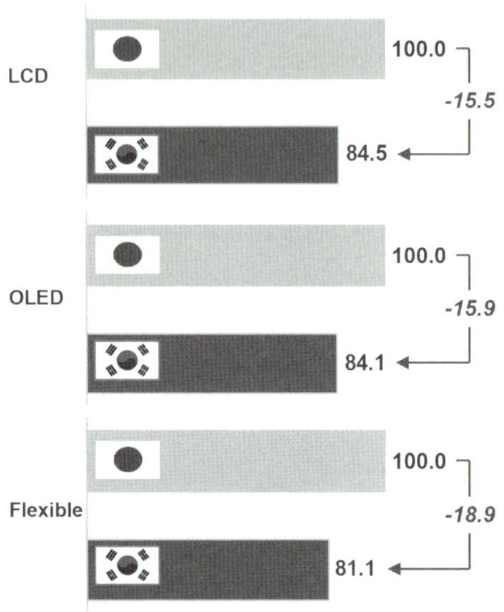

1) 2013년 기준
Source: ADL Analysis

넓혀나가고 있다는 사실이다.

이처럼 일본의 소재와 부품 기술력이 전반적으로 대한민국보다 우위인 환경 속에서 첨단 소재 분야의 일본 의존도는 더욱 높아지고 있다. 여전히 LCD나 OLED, 그리고 OLED를 응용한 플렉시블과 같은 부분에서도 일본의 기술력이 대한민국의 기술력을 앞지르고 있다.

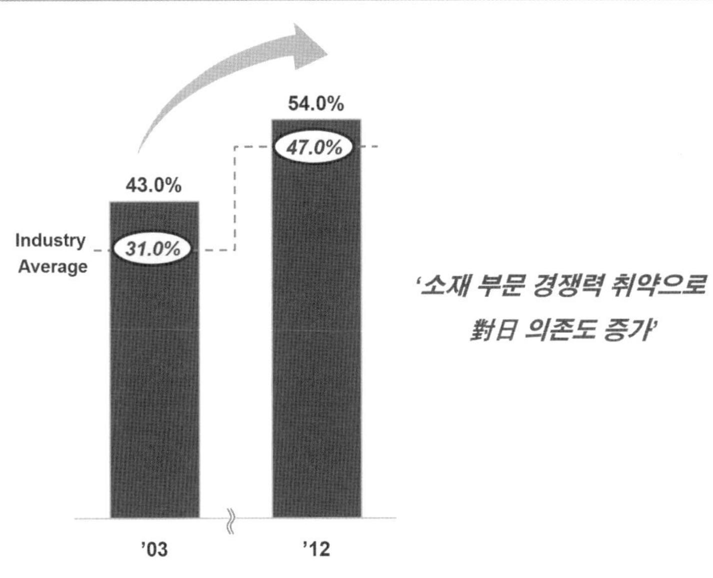

Source: ADL Analysis

한-일 소재부품 무역수지도 적자를 기록하고 있다. 2003년 일본에 대한 소재부품 무역적자 중소재 비중이 43%였다면, 2012년엔 54%를 차지하고 있다. 특히 편광판 소재는 일본으로부터 100% 수입하고 있고, PI 소재는 70% 정도 의존하는 모습을 보이고 있다. 이들 소재에 대한 일본 의존도가 거의 절대적 수준이라고 해도 과언이 아니다. 그만큼 대한민국의 소재 경쟁력이 취약해 보완이 시급하다.

기술 위협 인식 조사

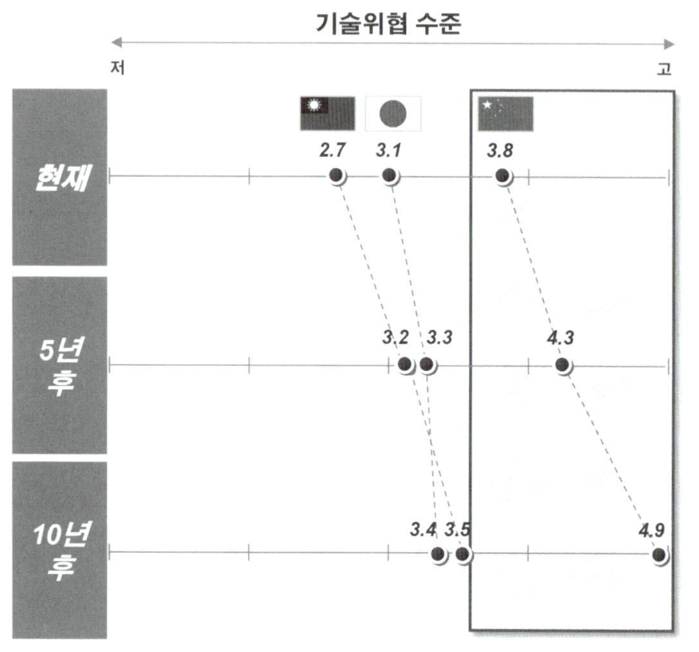

Source: ADL/KDIA 국내 주요 디스플레이소재/부품/패널 관련 기업 설문 조사(2014), ADL Analysis

일본과 달리 중국은 아직 소재 분야에서 우리와 기술 격차를 보인다. 하지만 빠른 속도로 중국의 기업들 역시 그 격차를 줄이려고 노력하고 있다. 업계 전문가들은 중국 기업들이 정부의 어마어마한 지원에 힘입어 부품소재에서도 이른 시일 내에 경쟁력을 확보할 것으로 보고 있다.

LCD 패널 부문에서도 중국의 성장이 매우 빨랐던 만큼 OLED 패널, 더 나아가 부품소재까지 기술이 더욱 발전할 것이란 이야기다. 중국이 대한민국, 일본, 대만 등에서 확보한 인력과 기술, 정부의 지원까지 합쳐진다면 대등한 경쟁이 어려울 정도로 위협적이다.

이런 추세를 볼 때 앞으로 5년 후, 10년 후에는 중국의 기술 수준이 대한민국을 위협할 만큼 상당히 높은 수준이 될 것으로 예상한다. 일본, 대만보다 더 빠른 속도로 치고 올라올 것이란 이야기다.

이렇게 되면 글로벌 시장에서 대한민국의 입지는 더욱 줄어들 수밖에 없다. 따라서 차세대 소재, 부품에서 중국의 추격을 따돌리고 경쟁력을 갖추기 위해선 앞으로 디스플레이 기술이 어떻게 진보할 것인가를 살펴보고 이에 맞춰 전략적인 대비를 해두어야 할 것이다.

디스플레이 기술은 앞으로 다섯 가지 방향으로 진화할 것으로 보인다. 첫 번째는 휠 수 있고(Flexible), 종이처럼 접을 수 있고(Foldable), 둘둘 말 수 있는(Rollable) 디스플레이가 적극적으로 활용될 것이란 점이다. 두 번째는 투명한 디스플레이, 세 번째는 대형화, 네 번째는 고화질화, 다섯 번째는 홀로그램 구현이 가능한 디스플레이다.

이러한 기술 방향에 맞게 소재나 부품을 개발한다면 차세대 디스플레이 시장에서도 대한민국은 뛰어난 경쟁우위를 가져갈 수 있을 것이다. 하지만 이런 것들을 가능하게 하기엔 몇 가지 기술적인 한계가 존재한다. 따라서 이것을 개선할 방안을 찾는 것이 중요하다.

먼저 첫째로 자유자재로 변형 가능한 디스플레이를 만들기 위해선 기존의 기판과 소재들로는 구현이 어려우므로 유리 기판을 대체할 수 있는 플라스틱 등과 같은 소재 개발이 필요하다. 또한, 투명전극 소재도 대체될 필요가 있는데, 투명전극은 투명한 동시에 전도성을 띄는 금속산화물을 유리 기판에 코팅해 터치패널이나 투명한 전자장치에 쓰이는 전자부품이다.

여기에 현재 적용되고 있는 기술은 ITO(인듐주석산화물)[52] 필름이다. 하지만 ITO는 휘어짐이 약해 유연성에 한계가 있고, 인듐 자체가 희소금속이라 자원 고갈의 우려도 있다. 이 때문에 가격도 매우 높다. 투명전극 소재는 앞으로 수요가 더욱 높아질 것으로 보이는데, 원가 절감이 가능하고 투명도 대비 전도도 개선이 가능한 그래핀[53], 탄소 나노튜브[54], 은나노 와이어[55] 등과 같은 차세대 소재 개발이 필요하다.

디스플레이가 투명화되는 부분에 대해서도 개선해야 할 점이 있다. 그동안 OLED 부품소재는 투명화가 쉬웠지만, PCB(Printed Circuit Board, 인쇄회로기판)나 배터리 등은 투명화하기 어렵다는 한계가 있었다. 따라서 앞으로는 투명화가 가능한 PCB 소재와 배터리 개발을 위한 연구도 필요하다.

디스플레이를 대형화할 때에도 수율이 높은 기판 소재가 적용될 수 있게 해야 하고, 고화질의 디스플레이를 구현하기 위해선 기존 LCD로 OLED 수준의 색재현성을 확보하는 등의 개선점도 있다. 또한, 기존에는 디스플레이로 홀로그램을 구현하는데 데이터 용량 등에 한계가 있었는데, 이것을 개선하기 위해선 소형 프로젝터 개발과 더불어 데이터 용량을 개선할 필요가 있다.

앞으로 펼쳐질 새로운 디스플레이 시장에서 일본과 미국을 제치고 선두 주자로 거듭나기 위해선 소재 분야의 산업 경쟁력을 확보하는 것이 매우 시급하다.

불투명한 환율 효과

대한민국은 그동안 경쟁국 대비 유리한 환율 효과를 누리며 가격 경쟁력을 높여왔지만, 앞으로는 이마저도 쉽지 않아 보인다. 중국은 국제 사회 압력 속에서 점진적으로 위안화 절상을 실행해왔지만, 앞으로 위안화 절상 혹은 절하 가운데 어디로 향할 것인지 방향성이 불투명하다. 경기 위축 우려로 점진적인 위안화 절상을 진행할 것으로 보이지만, 위안화의 평가절하 가능성도 남아있어 우리의 대응이 쉽지 않다.

이에 대해 좀 더 자세히 살펴보자. 중국이 환율 정책을 앞으로 어떻게 취하느냐에 따라 디스플레이를 포함한 IT, 전기전자 쪽의 가격 경쟁력이 좌우될 것이다. 중국은 1994년 고정 환율 제도를 도입한 후, 자국 경제 위축과 외화자산 가치하락 등의 우려로 조금씩 위안화를 절상해오고 있다. 하지만 최근 산업전쟁에 적극적으로 나서고 있는 중국 정부는 자국 제품의 가격 경쟁력을 높이기 위해 평가절하 할 가능성도 있다. 만약 그렇게 되면 대한민국 기업의 수출 경쟁력은 저하될 수밖에 없으므로 대한민국에는 상당한 위협으로 작용한다. 현재로서 그 가능성은 낮다고 보고 있지만, 향후 어떤 기조를 나타내느냐에 따라 우리나라에 큰 영향을 줄 것은 자명한 사실이다.

중국 위안화 환율 전망

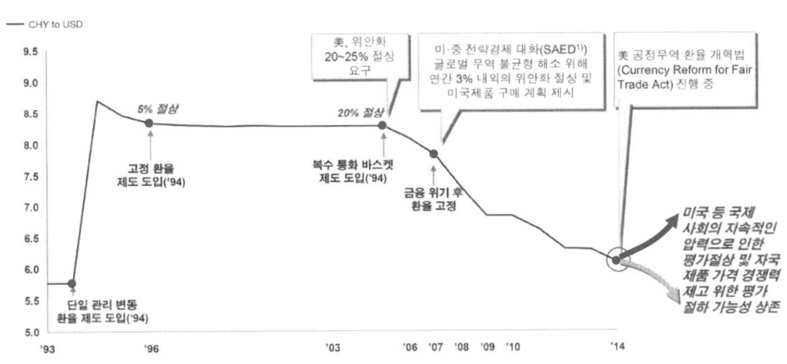

1) Strategic and Economic Dialogue
Source: IMF, ADL Analysis

또한, 최근 일본에서는 아베노믹스가 시행되면서 무차별적인 양적완화 정책이 펼쳐지고 있는데, 그로 인해 엔화와 원화 간의 환율 격차도 점차 감소하고 있다. 이렇듯 중국과 일본이 새로운 환율 정책을 펼치기 시작하면서 추락했던 가격 경쟁력을 회복할 것으로 보이는데, 그렇다면 그동안 대한민국이 누려왔던 가격 경쟁력은 점차 줄어들 수밖에 없다.

대한민국과 일본의 환율 격차는 2008년부터 2014년까지 평균 37.9%에 가까웠다. 하지만 원화가 꾸준히 강세로 가고 있고, 아베 정권의 엔저 정책도 나름대로 효과를 보기 시작하면서 앞으로 2030년엔 현재보다 환율 격차가 약 20% 정도 줄어들 것으로 보

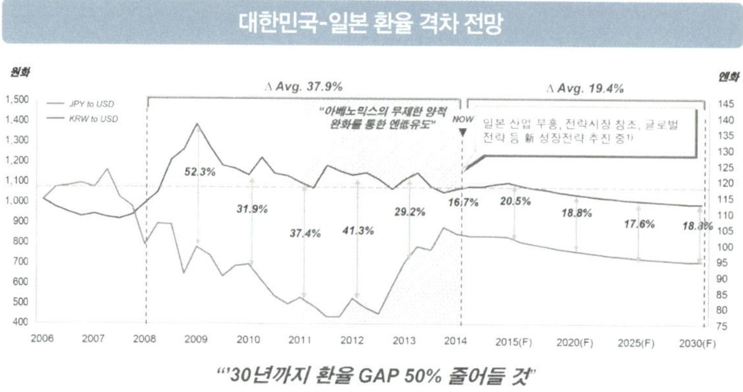

1) 향후 10년간 평균 명목 GDP 성장률 3%, 실질 GDP 성장률 2%와 10년 후 1인당 GNI 150만엔 증가 목표
Source: National statistics, International Monetary Fund (IMF), International Financial Statistics, ADL Analysis

인다. 뛰어난 소재 경쟁력과 기술 경쟁력을 가지고 있는 일본 제품이 가격 경쟁력까지 가지게 된다면 대한민국에는 상당히 위협이 될 수밖에 없다.

더는 안심할 수 없는 대한민국의 디스플레이 산업, 지금은 앞이 보이지 않는 어둡고 긴 터널의 중간에 와 있다. 과거의 영광이 미래의 영광이 될 것이냐 하는 부분에서는 섣불리 답을 할 수가 없다. 2000년대 초반부터 시작한 글로벌 디스플레이 제1차 산업전쟁에서는 대한민국이 패권을 주도해왔지만, 현재는 중국과의 전면적인 제2차 산업전쟁에 직면해 있기 때문이다.

중국의 추격이 매서운 지금, 대한민국이 가지고 있는 경쟁우위가 중국에 잠식당하지 않도록 철저한 대응이 필요하다. 단기적으로는 원가 경쟁력을 높이는 등의 노력을 기울여야겠지만, 중장기적 관점에서 기술, 제품, 브랜드 등의 영역에서 차별화를 이루고 시장을 선도할 수 있는 대응력을 갖춰야 한다. 그렇게 해야만 다가올 디스플레이 산업의 2차 산업전쟁에서도 패권을 주도할 수 있을 것이다.

2 제2차 산업전쟁 발발

중국, 제2차 산업전쟁을 시작하다

제1차 디스플레이 산업전쟁은 PDP에 이어서 LCD 전쟁이었다. 대한민국은 10년 동안 준비한 결과 일본과 중국을 제치고 당당히 승리했다. 그동안 대한민국은 세계 시장에서 선도적 지위를 확보했다. 그러나 그것도 잠시 곧바로 제2차 산업전쟁이 시작되었다. 이번에는 중국이 선제공격을 감행했다. 중국은 그동안 대만의 성공비법을 전수받았다.

대만의 디스플레이 첨단 기술은 물론 생산능력까지 그대로 이어받았다. 심지어 핵심 인재들도 스카우트했다. 그야말로 기술, 인재, 생산능력까지 대만기업의 성공비법을 통째로 가져왔다. 게다가 일본 기술도 전수받고 있다. 일본 기업과 합작투자를 하면서 기술을 이전받든가 그렇지 않으면 고급인재들을 스카우트하면서 기술을 전수받았다.

그 결과 중국의 디스플레이 기술력은 나날이 발전하고 있다. 여기에 값싼 노동력과 원자재 자체수급에 따른 원가절감으로 가격 경쟁력까지 확보했다. 그야말로 천하무적이 되었다. 현재 중국은 대한민국 제품의 절반 이하 가격으로 세계 시장을 공략하고 있다. 약간 기술적인 차이는 있지만 그건 고급기술자만이 느끼는 정도이고 일반인들은 대동소이(大同小異)하게 느끼고 있다. 이는 대한민국의 몰락을 예고하고 있다. 이미 중국시장을 뺏긴 데 이어 아시아, 미주, 유럽까지 전 방위적으로 공격받고 있다.

대한민국의 응전

제2차 산업전쟁은 제1차 산업전쟁과 달리 전쟁 양상이 매우 다르다. 제1차 산업전쟁은 일본의 기술력과 상품력과 경쟁했다. 그러나 제2차 산업전쟁은 일본의 기술력과 상품력은 당연하고 중국의 가격 경쟁력과도 한 판 전쟁을 벌여야 한다.

쉽지 않은 전쟁이다. 그러나 대한민국은 이 전쟁도 승리로 장식할 것을 확신한다. 쉽지 않을 것 같았던 일본도 꺾고 세계 일등을

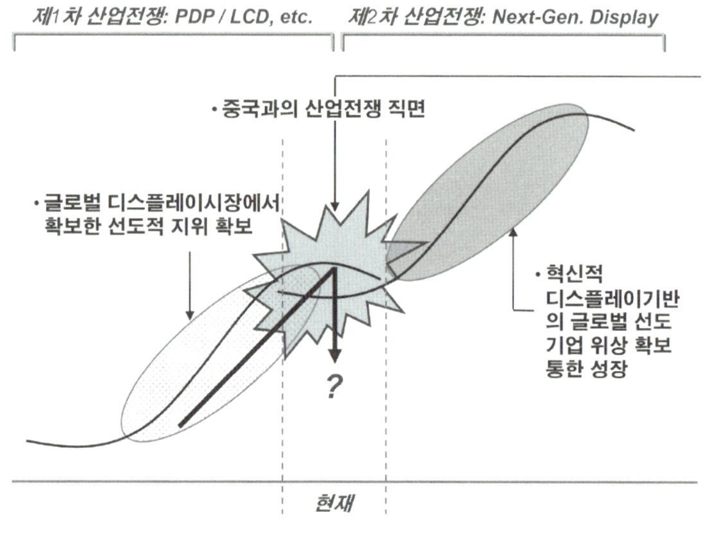

Source: ADL Analysis

달성했듯이 인해전술의 중국도 반드시 막아낼 것이다. 위기 속에 기회는 상존한다고 했다. 그 위기를 정확히 진단한다면 극복 방법도 명확히 질 것이다. 다음 장에서 대한민국이 이기는 전략 5가지를 제시하고 한다.

04

승리의 어젠다, 산업전쟁 The Five(5)

Industrial War The Five

1 대한민국 디스플레이 산업의 미래

대한민국 디스플레이 산업의 현주소

앞서 기술했듯 세계 디스플레이 시장은 2000년대에 들어서면서 PDP와 LCD로 이원화된 플랫패널 디스플레이(FPD, Flat Panel Display)가 나타나고, 그것은 휴대폰, PC, 모니터, 태블릿, 휴대폰 등 여러 가지 영역에 적용됐다. 그 속에서 10년 넘게 열심히 노력한 결과 대한민국은 디스플레이 시장에서 글로벌 넘버원을 달성할 수 있었다. 하지만 FPD 시장이 성숙기에 진입하면서 기존 LCD 시장 성장률은 급격히 둔화하기 시작했고, 설상가상으로 OLED라는 새로운 디스플레이의 시장 창출마저 지연되면서 대한민국은 위기에 처해있다.

여기에 중국의 세력까지 급성장하면서 대한민국의 위치를 위협해오고 있다. 대한민국의 원가 경쟁력과 기술 격차를 빠른 속도로 따라왔다. 이미 TV, 모바일 시장에서는 중국이 저가 제품으로 시장의 패러다임을 주도하고 있다. 이 기간이 4~5년만 지속해도 대한민국의 디스플레이 산업은 상당히 힘들어질 것이라고 업계 전문가들은 전망하고 있다.

이 와중에 새로운 미래 기술이 나오면서 새로운 성장 동력을 기대하고 있는데, 대한민국의 디스플레이 산업이 과거와 다른 경쟁력을 가져가기 위해서는 현재 수준에서 원가를 절감하고 또다시 새로운 플래그십[56] 제품을 내놓는 비즈니스 모델로는 앞으로 살아남기가 어려울 것이다. 앞으로는 고객 관점에서 다시 한 번 디스플레이를 바라보고, 디스플레이가 응용될 수 있는 고부가 영역이 무엇인지 찾아야 한다. 그것이 디스플레이를 가장 잘 아는 대한민국이 해야 할 일이다.

산업전쟁의 승기를 잡는 5가지 어젠다

따라서 앞으로 대한민국이 디스플레이 시장을 지속해서 선도하기 위해선 기존의 업(業)에 기반을 둬서 승부를 보기보다 새로운 관점 전환이 필요하다. 미래 디스플레이 패널은 어떤 형태로 발전할 것인지, 디스플레이 시장 범위는 어디까지로 봐야 하는지,

그 속에서 새로운 기업들이 성장하도록 하려면 어떻게 해야 하는지, 지속적인 원가 경쟁력은 어떻게 확보할 것인지, 정부는 어떤 정책을 만들어서 디스플레이 산업 발전을 지원해야 하는지에 대한 고민이 필요하다.

1	먼저 시장을 창조하라
2	열린 협력을 추구하라
3	스타트업 방식으로 키워라
4	스마트 생산을 시작하라
5	미래 맞춤형 정책을 세워라

위 다섯 가지 질문에 근거해, 이 책에서는 앞으로 대한민국의 디스플레이 산업이 글로벌 디스플레이 제2차 산업전쟁에서 승기를 잡는 데 필요한 5가지 어젠다, '산업전쟁 The Five(5)'를 제안하고자 한다. 이에 대한 자세한 설명과 전략은 다음 장에서 자세히 살펴보도록 하자.

2 먼저 시장을 창조하라

성숙기 시장의 위협

전통적인 디스플레이 세트 시장인 TV, 모바일, 태블릿은 이미 성숙기에 다다랐다. 이제 더는 기존의 시장에서 새로운 수요가 창출될 가능성은 미미하다. 이는 디스플레이 공급 관점에서도 마찬가지다. 기술 경쟁이 심화되면서 전통적인 디스플레이 세트 시장에서는 상황이 유리하지 않다. 자칫 잘못하면 시장의 선두 주자 자리를 중국에 빼앗길 수도 있는 상황이다.

이러한 시장의 위협을 혁신의 기회로 반전시켜야 한다. 1980년대 다수의 일본 기업들은 혁신을 통해 미국 기업들을 추월했고, 1990년대에 해당 시장의 정점에서 각 분야 최고의 제품을 생산해냈다.

성숙기에 접어든 전통 디스플레이 시장

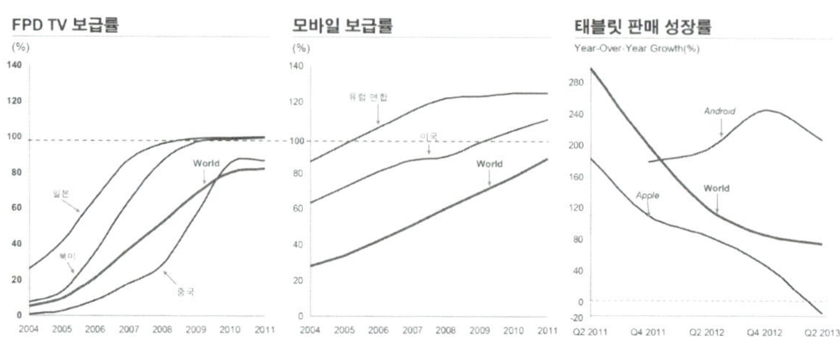

Source: DisplaySearch, World Bank, BI Intelligence, ADL Analysis

일본이 보여준 반전의 묘(妙)처럼 대한민국 역시 2000년대 일본이 경제 침체기에 들어서면서 반전을 꾀했다. 대한민국은 과거 일본 기업들이 미국 기업들에 실행했던 하이테크 제품 공략 방법으로 일본 기업을 위협했고, 결과적으로 일본 기업을 추월할 수 있었다.

하지만 90년대의 일본 전성기가 영원하지 못했던 것처럼 우리 또한 영원할 수 없다. 이제는 중국이 대한민국의 기술을 바짝 추격해오고 있으며, 저가 제품 출시로 시장을 잠식하고 있다.

매서운 중국의 추격과 기존의 경쟁에 기반을 둔 패러다임에서 새로운 시장을 만들기 위해서는 기존 제품 중심의 플래그십 전략

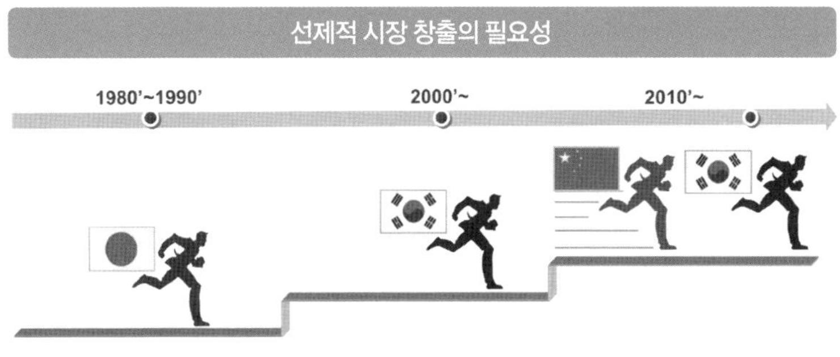

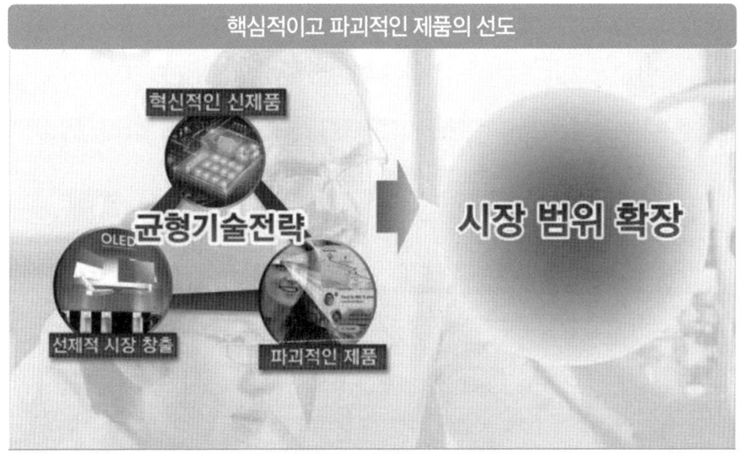

이 아닌, 지금까지와는 다른 차원의 경쟁을 벌여야 한다. 이를 위해 새로운 제품, 즉 혁신적이고 파괴적인 제품을 통해 시장을 선도해야 해며 기존의 제품들과 함께 균형 잡힌 제품 전략을 추구해야 한다.

시장을 창조하라

대한민국은 전 세계에서 가장 큰 디스플레이를 만들어왔고, 다양한 기술역량을 선보이며 디스플레이 시장을 선도해왔다. 또 새로운 형태의 디스플레이를 만드는 것도 주도적으로 하고 있다. 이를 바탕으로 대한민국만의 경쟁력을 보여줄 시장을 창조해야 한다.

대한민국은 2012년에 삼성이 55인치 대형 OLED TV 양산 모델을 세계 최초로 전격 공개한 바 있으며, LG도 뒤이어 55인치 OLED TV를 공개했다. UHD TV 시장에서도 2013년 삼성과 LG가 각각 85, 84인치 TV를 내놓았으며, 2014년에는 110, 105인치 TV를 각각 내놓았다.

그 외 새로운 형식의 패널도 대한민국 기업들이 선도해왔다.

왼쪽부터 LG전자 '라이프밴드 터치', 삼성전자 '갤럭시기어'

LG전자는 손목시계형 헬스케어 기기인 '라이프밴드 터치'를 내놓았으며, 삼성전자는 스마트워치 '갤럭시기어'를 선보이며 디스플레이를 활용한 제품의 새로운 가능성을 보여주었다.

2014년 7월엔 LG디스플레이가 세계 최초로 플렉시블 유기발광다이오드(OLED)와 투명 OLED를 동시에 개발했다고 밝혔는데, 수년 내에 종이처럼 둘둘 마는 TV도 나올 수 있을 것으로 보고 있다.

차세대 디스플레이 개발 박차

이렇듯 대한민국 기업들은 혁신적이고 새로운 디스플레이를 선도할 수 있는 역량을 이미 보유하고 있다. 이러한 역량을 기반으로 차세대 디스플레이 개발에 앞장서야 한다. 현재 대한민국 기업들은 4가지 차세대 디스플레이 개발에 매진하고 있다. 입을 수 있고(Wearable), 말 수 있고(Rollable), 접을 수 있고(Foldable) 그리고 투명한(Transparent) 디스플레이가 그것이다.

차세대 디스플레이 – 웨어러블 디스플레이

웨어러블 디스플레이(Wearable Display)는 현재 스마트 와치나

차세대 디스플레이 방향성

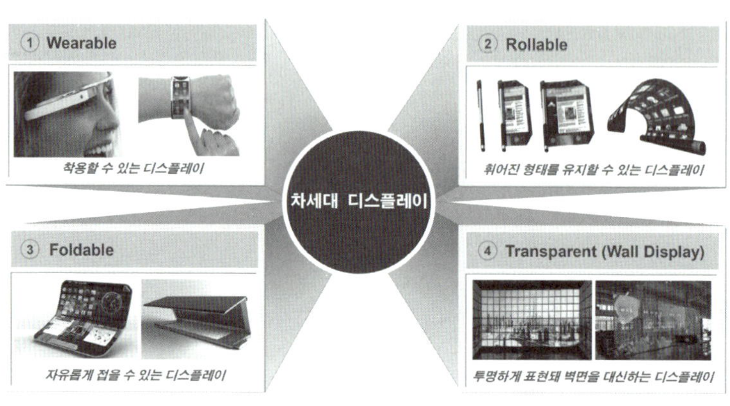

구글 글래스처럼 시제품으로 대량 생산할 수 있는 체제까지 와있다. 안경, 시계뿐만 아니라 반지, 신발 등 그 외 다양한 휴대품으로 생산할 수 있다.

웨어러블 기기의 종착지는 전자 문신의 형태로 몸에 붙이거나 삽입하는 형태로 발전될 것이고, 더 나아가 실제 몸 안에 투여해서 의학적으로도 활용될 것으로 보인다. 즉, 단순히 손목에 착용하는 정도에서 끝나는 것이 아니라 실제 피부에 부착하거나, 혹은 실제 피부 자체가 되기도 하거나, 몸속으로 들어가는 기능으로까지 발전한다는 이야기다. 앞으로 우리가 주목할 점은 바로 이 부분이다.

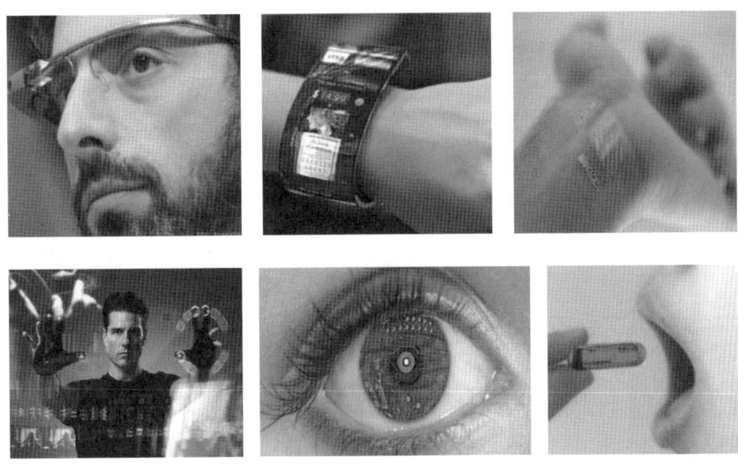

웨어러블 기기의 예

지금까지 이러한 기술 발전에 발맞춰 휘는 배터리와 케이블같이 감는 배터리를 이미 개발했고, 케이블형 배터리는 2~3년 내 양산 가능할 것으로 보인다. 휘는 전자회로는 상용화까지 최소 5년 이상 걸릴 것으로 예상하고 있으며, 자체 네트워크로 높은 컴퓨팅을 발휘하기까지는 더 오랜 시간이 걸릴 것이다. 그 외에도 몸의 형태에 맞게 완벽하게 감을 수 있는 유연성을 가진 디스플레이 기술에 관한 연구도 진행하고 있다. 이 밖에도 웨어러블 기기(Wearable Device)는 앞으로 다양한 분야와 응용을 할 수 있는데, 이는 굉장한 부가가치를 창출할 것으로 보인다.

예를 들어 웨어러블 기기와 통신사 간 협력을 통해 헬스케어, 운동 및 식단 관리, 수면 패턴 조절 등의 서비스를 받을 수도 있을 것이다. 또한, 가정 내 TV, 냉장고, 세탁기 등 다양한 기기들과의 연동을 통해 스마트 홈을 구현할 수도 있다. 기존 기술로 제한적이었던 신체 부위로의 접근을 통해 새로운 의료 및 제약 기술 영역을 개척할 수도 있다. 그 외에도 웨어러블 기기에 결제 서비스, 보안 인증 서비스 등 다른 제품의 기능을 추가할 수도 있을 것이다. 이렇게 되면 지갑을 꺼내지 않고도 결제할 수 있다. 이렇듯 웨어러블 기기의 확장성은 무궁무진하다고 볼 수 있다.

차세대 디스플레이 – 롤러블 디스플레이

'롤러블 디스플레이(Rollable Display)'는 말 그대로 둘둘 말 수 있는 형태의 디스플레이다. 현재 테스트 단계에 있는 제품들로는 E-book 리더, 스마트폰, 태블릿, 신문 등이 있다. 이미 2012년 한국기계연구원에서 반도체 소자를 이용한 고성능 유연전자소자를 양산하는 기술 개발에 성공한 바 있는데, 이것은 연필 두께에 감을 수 있을 만큼 정교한 고성능 디스플레이 기술로 롤러블 디스플레이를 구현하는데 핵심이 되는 기술이다. 하지만 플렉시블 OLED는 수분이나 산소에 노출되면 제 기능을 잃어버린다는 단점이 있어, 앞으로 기술적으로 보완이 필요한 부분이다.

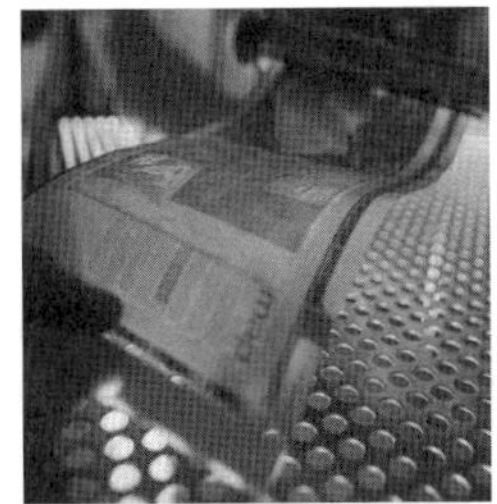

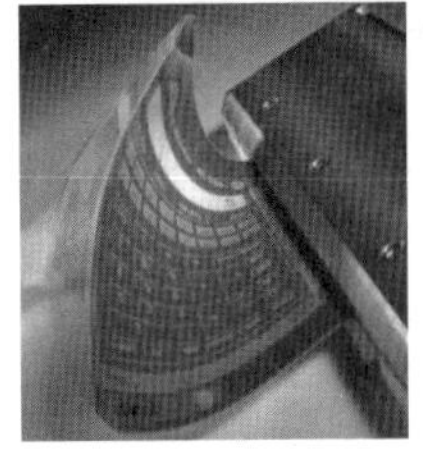

롤러블 디스플레이의 예

롤러블 기기도 웨어러블 기기와 마찬가지로 향후 다양한 분야에서 응용할 수 있다. 디지털 기기의 휴대성을 높여 노트북, 키보드 등을 롤러블 기기로 만들 수 있다. 또한, 공간적 제약을 탈피해 연구소, 학교, 사무실 등의 창문, 회의용 칠판, 벽, 커튼 등도 디스플레이로 만들 수 있다. 그 외에 다양한 생활용품에 적용되어 새로운 가치 창출이 가능하다.

차세대 디스플레이 – 폴더블 디스플레이

폴더블 디스플레이(Foldable Display)는 노트북이나 휴대폰에 적용하는 것 외에도 집안이나 사무실 등 다양한 공간에서 활용될 것이다. 집에서는 창문 자체가 접힌다거나 하는 방식으로 그 자체가 디스플레이가 될 수도 있고, 사무실에서도 동일한 방식으로 사용될 수 있다.

현재까지의 기술 수준은 2014년 6월 미국에서 개최된 'SID (Society for Information Display) 2014'에서 발표된 정도인데, 세

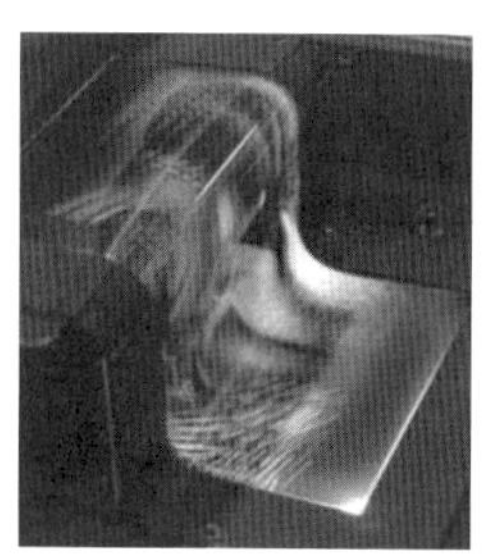
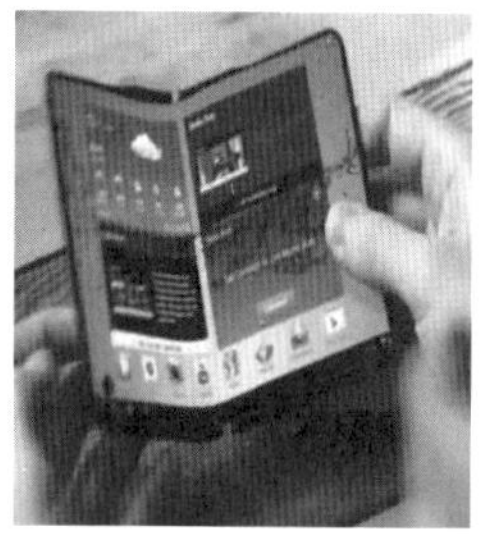
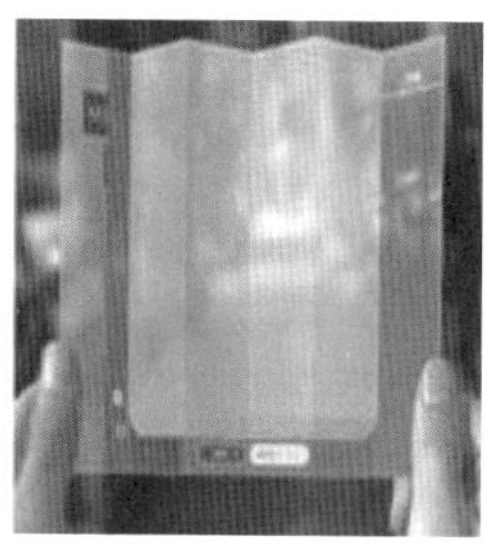
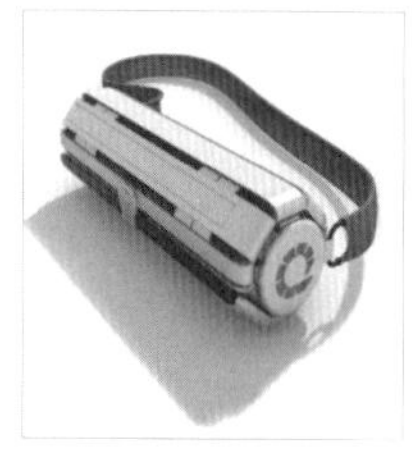

폴더블 디스플레이의 예

번까지 접을 수 있는 디스플레이 모델이 공개됐다. 기술이 완성되면 10만 번까지도 접을 수 있다고 하는데, 접는 과정에서 열화가 발생해 금이 생길 수도 있어 향후 내구성 부분에 대한 기술적 보완이 필요할 것으로 보인다. 또한, 현재 투명도와 유연성이 높으면서 동시에 광반응 성능도 좋은 새로운 기술과 소재에 관한 연구도 진행하고 있다.

폴더블 디스플레이와 함께 더욱 궁극적인 미래형 디스플레이는 섬유처럼 필요에 따라 늘릴 수 있는 '스트레쳐블 디스플레이(Stretchable Display)'인데, 여기에 관한 연구도 진행 중이다. 스트레쳐블 디스플레이 단계까지 발전할 경우 인공 피부나 옷 등 2차원 및 3차원으로 신축이 가능, 활용도는 더욱 무궁무진해질 것이다.

차세대 디스플레이 – 투명 디스플레이

가장 상용화가 빨리 될 것으로 예상하는 것은 바로 투명 디스플레이다. 현재 노트북, 스마트폰, TV, 거울 등 시제품이 만들어진 상태인데, 앞으로는 건축물, 광고, 디자인, 설계 등 다양한 영역에서 활용될 것으로 보인다.

다만 이를 위해서는 아직 여러 가지로 기술적인 보완이 필요하다. 배선과 소자가 투명하고 패턴이 눈에 띄지 않으면서 투명도, 전기 전도성 등을 유지하게 하는 기술이 필요하다. 또한, 그동안 저항이 적고 투명 배선으로 사용할 수 있는 ITO 필름을 사용해 투명 디스플레이를 만들었지만, ITO는 휘어짐에 약하다는 단점과 자원 고갈 우려가 있어 가격이 지나치게 높다는 단점도 가지고 있다. 따라서 앞으로 이것을 대체할 수 있는 소재 개발도 필요하다.

그 뒤를 이을 차세대 소재로 그래핀, 탄소 나노튜브, 은나노 와이어 등이 언급되고 있다. 특히 그래핀은 현재 가장 많이 사용되

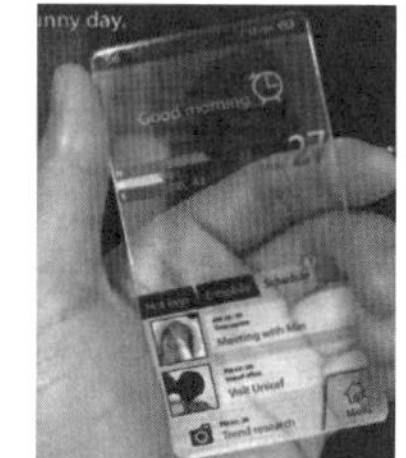

투명 디스플레이의 예

는 반도체 소재인 실리콘에 비해 100배 이상의 전자 이동도를 가지고 있고 강철보다 강한 강도와 열전도성, 신축성 등을 가지고 있어 '꿈의 신소재'로 불리는 물질이기도 하다.

2014년 4월에는 삼성전자 종합기술원이 성균관대와 공동으로 꿈의 신소재인 그래핀의 상용화를 앞당길 합성방법을 세계최초로 개발하는 쾌거를 이뤄내기도 했다.

투명 디스플레이는 증강현실(AR)[57] 기술과 합쳐져서 우리의 생활을 크게 바꿀 가능성이 있는데, 구글 글래스와 같은 스마트 안경을 예로 들 수 있다. 또한, 자동차의 전면 유리에 적용한다면 유리 표면에 길 안내를 비롯해 다양한 정보를 표시할 수도 있을 것이다. 그 외 공공장소 디스플레이, 대중교통, 빌딩이나 호텔 등에서 정보전달 목적의 디스플레이로도 활용할 수 있다. 적용 범위는 우리가 상상하는 것 이상으로 무궁무진하다.

차세대 디스플레이 – 하이엔드 공략과 브랜드

차세대 디스플레이 시장에서 대한민국이 선두 자리를 가지고 가려면 웨어러블, 롤러블 등의 디스플레이를 활용한 새로운 시장을 주도적으로 창출하는 것이 필요하다. 이를 통해 가장 먼저 하이엔드(High-end)[58] 제품을 만들어 로우엔드(Low-end)[59]로 확산시키는 전략도 매우 중요할 것으로 보인다.

이와 더불어 디스플레이 브랜드 이미지도 구축할 필요가 있다. 브랜드 이미지를 잘 구축하면 많은 사람이 디스플레이를 떠올릴 때 자연스레 대한민국 기업을 떠올리게 되고, 그것이 곧 시장을 방어하고 진입장벽을 쌓는 길이며, 최종적으로 시장을 지배하는 길이 될 수 있기 때문이다.

브랜드를 통해 굳건한 시장 지배력을 확보한 사례로써 대표적인 것이 바로 인텔 인사이드일 것이다. 인텔은 1968년 실리콘밸리에서 설립된 회사로 컴퓨터에 들어가는 CPU를 생산하는 곳이었다. 즉, 컴퓨터 제조사로부터 선택을 받는 제품이었지 소비자들로부터 직접 선택받는 제품이 아니었기 때문에 소비자들은 인텔에 대해 잘 알지 못했다. 이후 몇몇 제조사가 인텔이 아닌 다른 회사의 부품을 쓰려는 움직임을 보이기 시작했는데, 인텔은 그때부터 '인텔 인사이드'라는 브랜드 전략을 펼쳤다. 즉, 인텔의 CPU를 장착한 시스템에 인텔 인사이드라는 로고를 부착했는데, 반도체와 같은 생산재 부품의 광고는 당시 매우 혁신적인 발상이었다. 더욱이 인텔은 컴퓨터 회사가 자사 제품을 광고할 때 중간에 인텔 인사이드 마크와 효과음을 노출해주면 인텔의 CPU를 살 때 6%를 할인해주었다. 이 때문에 전 세계 160개가 넘는 컴퓨터 회사들이 인텔 인사이드 광고 캠페인에 대거 참여했다. 그것을 꾸준하게 지속한 결과, 광고를 본 소비자들은 인텔 인사이드 로고를 보면 최고 성능의 제품을 샀다고 인식하기 시작했다. 인텔에 대한 소비자들의 브랜드 인식이 높아지자 제조사들은 인텔의 제품을 쓸 수밖에 없었다.

이와 같은 브랜딩을 위해 과거 LG나 삼성에서도 몇 번의 움직임이 있었지만 효과적이지 못했다. 만약 그때의 의지가 보존되어 있다면 지금은 그 어느 때보다 브랜딩의 적기라고 보인다. 과거보다 더 많은 산업에서 디스플레이가 활용되는 시대가 되었기 때문이다. 만약 앞으로 디스플레이 자체가 모듈화되어 다른 제품과 간단히 끼워 맞출 정도로 구현된다면 지속해서 디스플레이 자체를 제품으로 드러낼 수 있기 때문에 브랜딩 효과는 더욱 탁월해질 것이다.

3 열린 협력을 추구하라

성장의 한계, 응용의 무한대

디스플레이가 적용 가능한 제품에는 여러 가지가 있지만, TV나 휴대폰 등의 시장은 앞서 언급한 대로 이미 성숙기에 진입했다. 따라서 이들 제품을 더 많이 판매해서 디스플레이 수요를 끌어 올리는 것에는 한계가 있을 수밖에 없다. 하지만 앞으로 디스플레이는 기존 TV 등 범용제품 영역을 넘어 스마트 홈, 의료, 공공 디스플레이 등 전혀 새로운 영역에 적용될 것이다. 새로운 시장의 잠재 성장률도 매우 높은 것으로 전망된다. 2012년부터 2020년까지 스마트 홈의 잠재 성장률은 20.1%에 육박하며, 그 외 자동차는 19.6%, 의료기기는 13.2%, 공공 디스플레이는 12.5%에 달한다.

이렇듯 디스플레이 산업은 다양한 산업 영역으로 확장될 가능성이 무궁무진하다. 이제는 기존의 TV나 휴대폰에 집중하기보다

신규 시장 잠재성

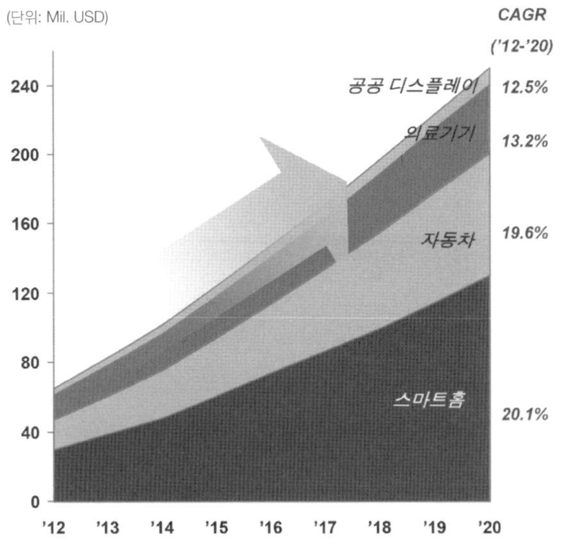

Source: ADL Analysis

다양한 산업과 어떻게 협력해서 시너지를 낼 것인가를 고민해야 한다.

다양한 산업 간에 열린 협력을 하라

이미 많은 업체가 협력에 대해 고민을 해왔다. 그 결과 앞으로는 자동차나 오피스 빌딩, 스마트 홈, 의료기기, 도로, 대중교통 등 다양한 분야에 디스플레이가 적용될 것으로 전망된다. 이처럼 디스플레이의 광범위한 확산을 위해서는 각 산업의 제품이 실제 만들어지는 비포 마켓(Before Market, 제품 출시 전 시장)에 우선 진입한 후, 분야별 애프터 마켓(After Market, 제품 출시 후 2차적 시장)에 진입해 시장을 더욱 확산시키는 것이 하나의 전략이다. 따라서 앞으로는 디스플레이 산업과 다른 산업을 연동해서 사업 영역을 확장해 나가야 한다. 그렇다면 구체적으로 어떻게 구현될 수 있는지 하나씩 살펴보자.

열린 협력 – 자동차용 디스플레이

최근 스마트카 개념이 확산되면서, 자동차용 디스플레이 시

디스플레이 적용 가능 영역

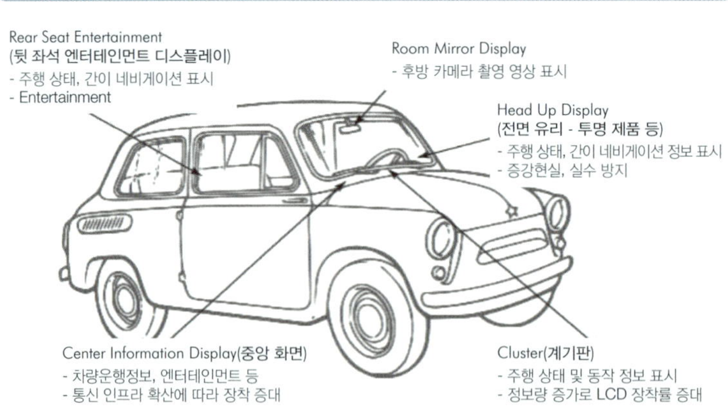

Source: LG디스플레이 블로그

디스플레이 자동차 적용 예시

Source: 삼성디스플레이 블로그

장도 급성장세를 보이고 있다. 시장조사기관인 'NPDDisplay Search'의 발표로는, 차량용 LCD 디스플레이 시장이 2011년 4,200만 장 수준에서 매해 두 자릿수 성장률을 보이며 2015년에는 8,562만 장 수준까지 급증할 것으로 전망하고 있다. 자동차용 디스플레이 시장이 디스플레이 업계의 새로운 성장 동력으로 자리매김할 것이란 이야기다.

미래 자동차에는 앞, 뒤, 옆 유리창부터 계기판에 이르기까지 다양한 부분을 투명 디스플레이로 대체할 수 있을 것이다. 디스플레이를 통해 속도나 거리, 연료량, 방향, 날씨, 위치 등 각종 정보를 운전자에게 제공 가능하고, 운전자는 더욱 편리한 운전경험을 맛볼 수 있을 것이다. 거기에 더해 각각의 차량에 맞게 맞춤형 디스플레이가 가능하도록 한다면 소비자 만족도는 더욱 커질 것이다.

열린 협력 – 오피스, 스마트 홈

디스플레이 산업은 오피스 빌딩이나 스마트 홈 산업으로도 확장 가능하다. 이 분야에서는 현재 삼성과 애플이 상당히 애를 많이 쓰고 있다. 제품 자체의 기술적, 기능적 융합뿐만 아니라 주변과의 미적 조화가 강조됨에 따라 주변과 하나 되는 디스플레이가 더욱 요구되고 있다. 일반적으로 사람들은 사무실 혹은 집안 인테

오피스 빌딩, 스마트 홈에서의 디스플레이

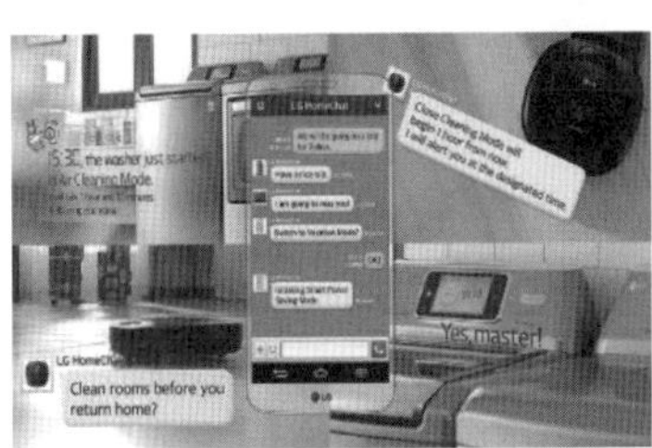

Source: Samsung, LG Electronics

리어와 어울리지 않으면 걸어두기 싫어한다. 따라서 기술의 개발 못지않게 이러한 미적 조화도 생각할 것이 많다. 만약 창문에 부착한 디스플레이가 구현된다면 배터리는 어떻게 구현할 것인가, 에너지를 지속해서 조달하려면 어떻게 해야 할 것인가에 대한 고민도 필요하다.

물론 이것은 디스플레이 업체 단독으로 고민할 부분은 아니다. 배터리 제조사나 창문 설비 제조 등 관련 기업들이 함께 고민해야 하는 부분이다. 따라서 각 기업 간의 '열린 협력'이 필요할 수밖에 없다.

특히 스마트 홈과 오피스 빌딩은 사물인터넷(IoT, Internet of Things) 기술을 기반으로 한 대표적인 서비스이기도 하다. 사무실 혹은 집안의 사물들이 인터넷에 연결되도록 해 사물 간 상호작용이 가능하도록 해야 하는데, 디스플레이 기능 또한 이를 구현할 수 있어야 한다.

열린 협력 – 의료기기

의료기기 분야에서도 디스플레이가 적용될 수 있다. 눈으로 식별 불가능한 의료 영역에 디스플레이를 적용하면 더욱 안전과 편의성을 높일 수 있을 것이다. 예를 들어 스마트 안경을 끼고 암 수술을 집도할 경우 암이 발생한 부위를 정확하게 판단하도록 돕는다면 해당 부분만 정확히 절제할 수 있게 될 것이다. 그렇게 되면 수술의 정확도가 지금보다 더 현저하게 높아질 것이고, 암의 재발률도 떨어뜨릴 수 있을 것이다. 실제로 스마트 글래스를 착용한 의사가 수술 도중에 암세포를 다른 색과 구별되게 볼 수 있도록

의료기기에서의 디스플레이 적용

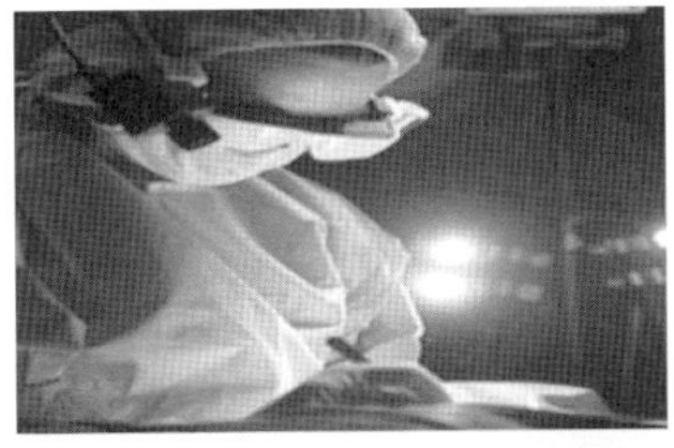

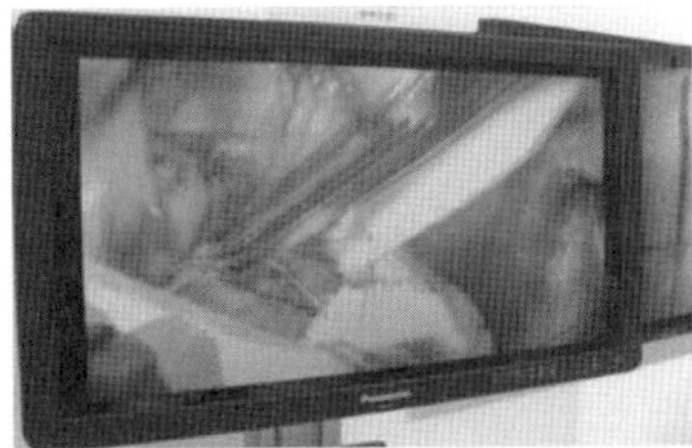

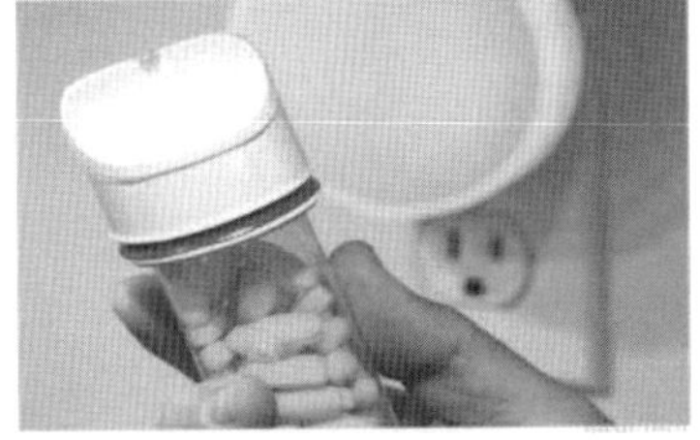

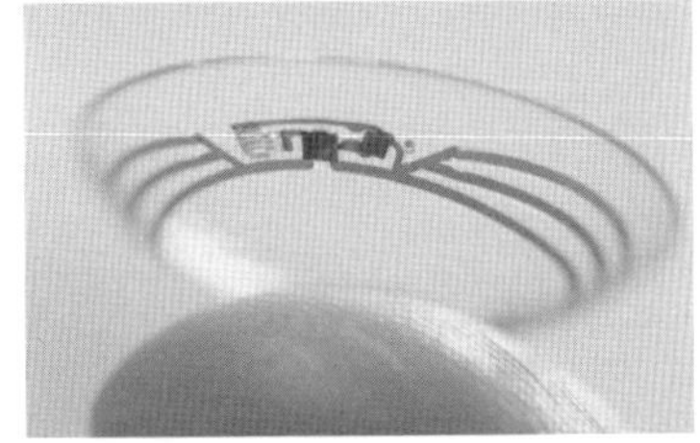

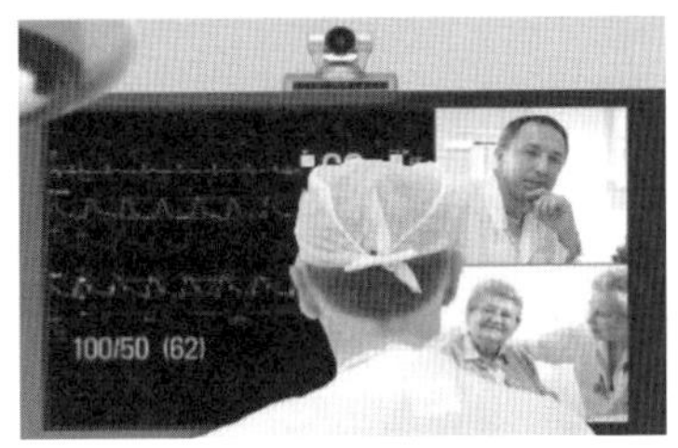

Source: WUSTL&UA, Panasonic, Vitality, Google, Gangnam Service Hospital, Vidyo

하는 기술이 현재 활발하게 개발 중이다.

또한, 개인의 웰빙이 부각되면서 자신의 건강을 직접 체크할 수 있게 돕는 디스플레이도 필요해질 것이다. 예를 들어 자기 전에 캡슐 한 알을 먹고 자면, 다음 날 아침 거실 창문 디스플레이에 자신의 건강 상태가 정리되어 나타나는 것을 상상해볼 수 있다. 물론 여기에는 앞서 말한 사물인터넷이 결합해 적용되어야만 가능하다. 이때 필요하다면 의사를 연결해 원격 진료도 받을 수 있도록 한다면 더욱 완벽한 의료 서비스가 될 것이다. 이러한 편리함은 상상만 해도 기분 좋은 기술이다.

열린 협력 – 도로 산업

디스플레이 산업은 도로 산업으로도 확장될 수 있다. 도로를 통해 교통정보와 그 이상의 정보까지 얻는 것인데, 예를 들어 도로 자체에 패널을 깔아서 주행자가 어느 쪽으로 가야 하는지 안내를 해주는 첨단 서비스를 상상해볼 수 있다. 더 나아가 앞차와의 거리를 분석해주거나 안개, 비, 눈 등 날씨의 변화에 따른 도로 상태도 즉각적으로 알려줄 수 있다. 다만 이 경우에는 디스플레이가 환경에 의해 훼손되거나 물리적 파손이 되지 않도록 하는 연구가 뒷받침되어야 한다.

이 밖에도 디스플레이 산업은 대중교통 산업으로의 확장 기회도 있다. 대중교통 내부와 외부, 연관 교통시설 등 다양하게 디스플레이를 적용할 수 있다. 예를 들어 대중교통의 창문 자체를 디스플레이로 만들 수도 있고, 더 나아가 자신이 가지고 있는 기기와 연동

대중교통에서의 디스플레이 적용 예시

Source: Sogle, Idaho, Siemens, Studio Roosegaarde & Heijmans, Design Studio Breakfast, Project "Points" (http://www.artlebedev.com), Airbus

대중교통 내 디스플레이 적용 예시

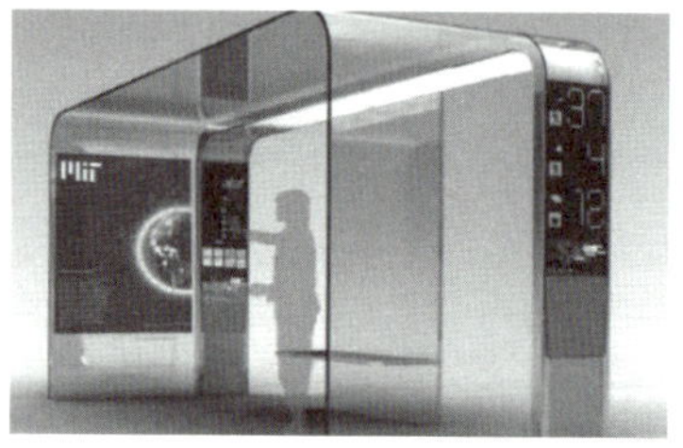

Source: Willie Bus, MIT SENSEable City Lab, ADL Analysis

하여 디스플레이를 통한 개인별 맞춤 정보도 제공받을 수 있다.

또한, 차량 내부뿐만 아니라 차체 외형에도 디스플레이를 적용해 사람들에게 광고 혹은 각종 교통정보를 제공해줄 수도 있다. 심지어 MIT[60]에서는 버스정류장을 디스플레이로 만들어서 어떻게 새로운 가치를 창출할 것인가에 관한 연구도 몇 년 전부터 진행해오고 있다. 그리고 교통정보 외에도 개인의 질문에 응답하며 정보를 제공하는 등의 기술도 적용할 수 있을 것이다. 이 부분과 관련해서도 앞으로 발전 가능성이 매우 무궁무진하다.

패널 공급 지원 조직 운영안

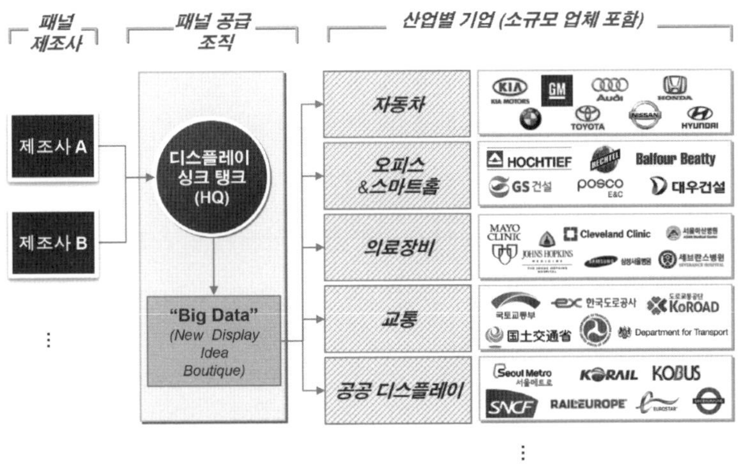

Source: ADL Analysis

열린 협력- 상상을 현실로

앞서 살펴본 자동차에서 오피스 빌딩, 스마트 홈, 의료기기, 도로, 대중교통에 이르기까지 디스플레이가 얼마나 다양하게 활용될 수 있는지 확인해보았다.

이렇게 산업 간의 융합으로 새로운 시장이 창출되도록 하기 위해서는 각 사업자의 아이디어를 모아 맞춤형 제품 제작이 가능하도록 해야 한다. 앞으로는 TV나 모바일뿐만 아니라 여러 다양한 분야에서 디스플레이를 공급받고자 하는 수요가 많아질 것이고, 이와 관련된 기업들의 움직임도 더욱 활발해질 것이다.

이를 위해서는 패널 공급을 지원할 조직 운영도 필요하다. 영역별로 어떠한 디스플레이를 필요로 하는지, 앞으로 어떻게 활용될 수 있을 것인지 등의 정보를 빅데이터[61]화해서 자유롭게 패널 공급이 되고, 새롭고 다양한 시장이 형성될 수 있도록 해야 한다.

4 스타트업 방식으로 키워라

기업 육성의 고민

디스플레이 산업 성장에 대한 고민은 관련 기업들을 어떻게 체계적으로 육성하는가의 문제와 맞닿아있다. 디스플레이 산업의 가치사슬 상에 존재하는 다양한 분야별 기업들을 어떻게 키워내느냐에 대한 고민이 필요하다.

일반적으로 기업의 성장 단계는 크게 네 가지로 나눌 수 있다. 기술개발 단계를 지나 상용제품 개발에 성공한 스타트업(Start-up) 기업, 외부 투자가 유입되고 제품과 서비스가 정교화 된 벤처기업(Venture Enterprise), 양산 능력이 확보되고 시장에 본격적으로 제품과 서비스를 내놓은 중소기업(SME, Small and Medium Sized Enterprise), 타 기업과 M&A 혹은 파트너십을 통해 시너지를 창출

기업의 성장 단계

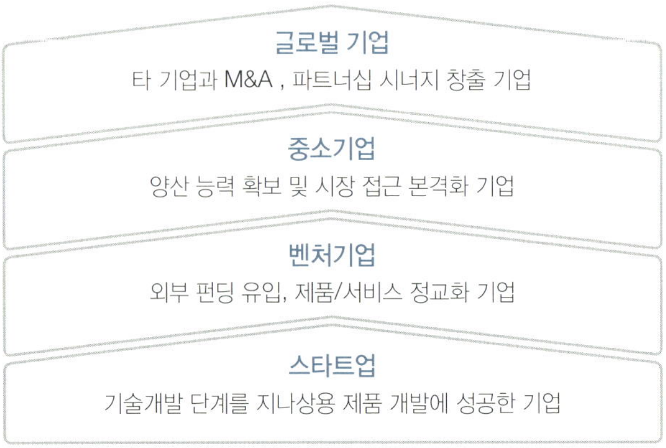

글로벌 기업
타 기업과 M&A , 파트너십 시너지 창출 기업

중소기업
양산 능력 확보 및 시장 접근 본격화 기업

벤처기업
외부 펀딩 유입, 제품/서비스 정교화 기업

스타트업
기술개발 단계를 지나상용 제품 개발에 성공한 기업

Source: ADL Analysis

하는 글로벌 기업(Global Enterprise) 등이 네 분류에 해당한다.

이 분류와 과정에 따라서 스타트업에서 벤처기업으로, 벤처기업에서 중소기업으로, 그리고 중견기업, 더 나아가 글로벌 기업으로 성장할 수 있도록 단계별로 체계화된 지원이 필요하다.

스타트업에서 벤처기업으로 성장하기 위해서는 만들어진 제품과 서비스를 상용화하기 위한 투자가 필요하다. 투자가 잘 돼서 제품과 서비스가 더욱 정교하게 다듬어지면 시장에 본격적으로 내놓을 수 있도록 양산 능력 확보에 주력해야 한다. 마지막으로

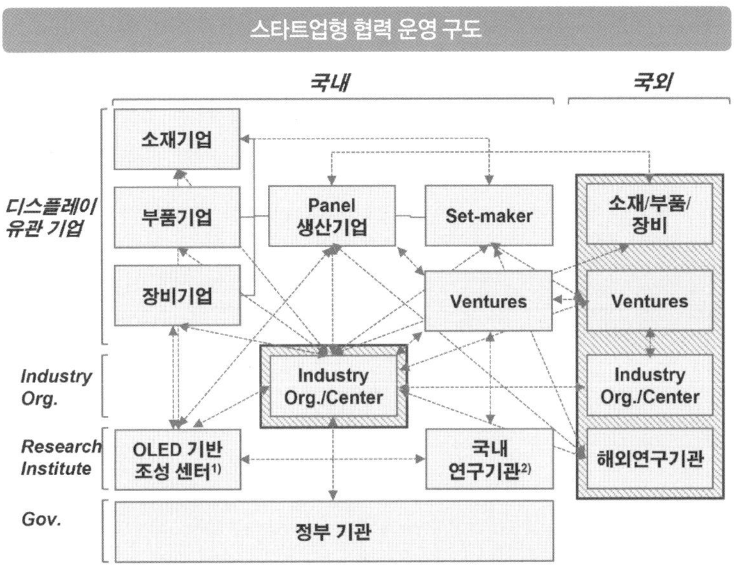

1) OLED 센터, 포항나노기술집적센터, 광주나노기술집적센터
2) OLED 연구 기반시설을 보유하고 있는 전자부품연구원, 한국전자통신연구원, 한국과학연구원, 한국과학기술연구원, 한국생산기술연구원 등
3) Internet of Things
Source: Annual Reports, ADL Analysis

글로벌 기업으로 키우기 위해선 적극적인 M&A와 파트너십 등에 기반을 두어 시장 지배력을 강화할 수 있도록 노력해야 한다.

스타트업에서 벤처로

단계별로 하나씩 살펴보자. 먼저 초기 스타트업이 벤처기업으로 성장하려면 정부와 민간 등 가리지 않고 활발한 투자를 받아서 제품과 서비스를 만들 수 있도록 해야 한다. 그다음 시장에 출시해 피드백[62]을 받고, 그 의견들을 반영해 제품을 양산하는 단계로 나아갈 수 있다.

일례로 2014년 4월, 카이스트 생명화학공학과 연구팀이 디스플레이 관련 원천기술을 개발해 화제가 된 적이 있었다. 햇빛 아래서도 선명하게 볼 수 있는 디스플레이 원천기술을 개발한 것인데, 차세대 광학소재로 주목받는 광결정을 이용해 반도체 소자용 미세패턴 기술 구현에 성공할 수 있었다고 밝혔다. 연구팀에서는 광결정이 5~6년 뒤면 새로운 형태의 차세대 디스플레이 소재로 각광받을 것이라고 언급했다. 이 연구는 미래창조과학부에서 지원하는 창의적 연구진흥사업으로부터 자금을 조달받기도 했다.

또 다른 사례로 2009년 설립된 미국의 대표적인 크라우드 펀딩[63] 서비스인 킥 스타터(Kick-Starter)를 들 수 있다. 킥 스타터는 개인이나 기업이 상품 아이디어, 모금 목표액 등을 사이트에 올려놓으면 해당 프로젝트를 지지하는 킥 스타터 회원이 후원자로 나서는 시스템이다. 전 세계 크라우드 펀딩 업체 중 가장 큰 서비스 업체로, 새로운 벤처기업들이 투자자금을 유치 받아서 더욱 성장할 수 있게 해주고 있다.

스마트 시계를 제조하는 '페블 워치(Pebble watch)'는 킥 스타터 역사상 가장 성공한 프로젝트로 불린다. 2012년 12월, 페블 워치는 목표 모금액이었던 10만 달러를 크게 뛰어넘는 1,030만 달러(한화로 약 109억 원)의 초기 자금을 모았고, 27만 명에게 예약 판매하는 쾌거를 기록했다. 가상현실 전문업체 오큘러스 리프트는 한 달 만에 목표액의 10배인 240만 달러를 킥 스타터를 통해 유치할 수 있었다. 안드로이드 기반의 게임기 오우야(Ouya)는 6만 명이 넘는 후원자를 모집해 당초 목표 금액이었던 95만 달러를 크게 웃도는 859만 달러를 모으면서 차질 없이 제품 개발을 추진할 수 있었다. 시각장애인용 시계를 만드는 '브래들리(Bradley)'는 2013년 7월 목표액의 10배 이상인 60만 달러를 모았고, 그해 11월에는 한 달 만에 152만 달러를 유치하기도 했다.

앞선 사례들을 통해서 보듯이, 새로운 벤처기업들이 투자자금을 유치 받아서 더 성장할 수 있도록 우리나라에도 이러한 투자자금 유치가 활발히 일어날 수 있게 지원을 아끼지 말아야 한다. 사실 이런 것들이 가능하도록 하려면 국내뿐만 아니라 글로벌 수준의 다양한 네트워킹이 뒷받침되어야 한다. 대부분의 우리나라 기업들은 국내에서만 움직이고 있는데, 이제는 시야를 더 넓혀야 한다. 해외에 있는 혁신 기업, 연구기관과 네트워킹을 통해 소재, 패널, 제품 등에서 다양한 혁신이 이루어질 수 있을 것이다. 이런 것들이 잘돼야 새로운 스타트업들이 많은 기관 혹은 투자자들로부터 투자를 받는 것이 더욱 활성화될 수 있다.

특히 영국, 이스라엘, 미국 등에는 갓 창업한 기술기업의 성장을 돕는 업체인 인큐베이터[64]들이 많이 존재하고 있다. 다양한 기술기업들을 비롯한 인큐베이터들과 어떻게 네트워킹을 강화할 것인가에 대해서 생각해야 한다. 기존에는 국내 기업 간의 소극적인, 제한적인 협업이었다면 앞으로는 외국에 있는 스타트업, 연구기관들과의 네트워킹을 통해 글로벌 시장에 접근하는 것이 필요하다. 그래서 우리나라에서 생산한 디스플레이나 소재가 다른 나라에도 쓰일 수 있도록 수요 시장을 적극 개척해야 한다. 디스플레이 산업이 발전하기 위해서는 기업의 개별적인 노력도 당연히 필요하지만, 글로벌 네트워킹 속에서 정보를 공유한다면 디스플레이 산업 자체가 더 빠르고 더 크게 발전할 수 있다.

주요 IT 기업들이 몰리는 도시들을 살펴보면 먼저 영국 런던 북부에 있는 '테크 시티(Tech City)'가 있다. 이곳에는 1,300여 개의 IT 기업과 벤처캐피탈, 액셀러레이터, 정부기관이 함께 자리하고 있다. 2010년 데이비드 캐머런 총리는 테크 시티를 세계 최고 스타트업 허브로 만든다는 계획에 따라 대규모 투자를 단행했다. 연구 및 투자 관련 세제 혜택을 제공하고, 무역투자청을 입주시켜

기업들로 하여금 기술개발 및 산학연계, 무역지원 등이 수월하게 이뤄지도록 했다. 금융기관도 도시에 적극 유치해 기업들이 손쉽게 자금 조달을 할 수 있게 했다.

덕분에 현재는 글로벌 유수의 IT업체들이 몰려드는 세계적인 첨단산업단지로 주목받고 있다. 구글, 인텔, 아마존 등의 기업들도 입주하고 있으며, 약 1,300여 개의 스타트업이 활동 중이다. 특히 테크 시티는 금융(Financial)과 기술(Technique)의 합성어인 핀테크(Fintech)[65]의 중심지로도 부상하고 있다.

이스라엘의 텔아비브 시도 세계 각지의 창업자와 투자자가 모이는 창업도시다. 텔아비브 시는 전 세계 우수 창업자를 끌어들이기 위해 스타트업 비자를 발급하고 창업 공간과 자금 지원, 벤처캐피털 연결 등에 정부가 직접 나선다. 미국 증시 나스닥에 상장된 이스라엘 벤치기업이 약 63개 정도일 만큼 스타트업들의 역량 또한 대단하다. 이는 나스닥에 상장된 유럽·대한민국·일본·중국의 스타트업 기업 전부를 합친 것보다 많다.

싱가포르 정부도 스타트업과 벤처캐피털 유치에 총력을 기울이고 있다. 동남아 진출 전진기지로 홍보하며, 전 세계의 창업인들을 유치하고 있다. 싱가포르 아이어라자 지역의 '블록71(Block71)'건물은 스타트업들의 활동 중심지이기도 하다. 특히 싱가포르에서의 동아시아 최대 엑셀러레이터[66]인 JFDI의 사례를 주목할 만하다. 엑셀러레이터는 창업 아이디어를 발전시키고, 창업 뒤 회사를 어떻게 키울 것인지, 투자는 어떻게 유치할 것인지에 대해 도움을 주고 조언을 주는 회사나 기관이다. 싱가포르의 JFDI는 2010년 문을 열어 현재까지 수많은 스타트업 기업들을 배출했다.

모두가 다 아는 미국의 실리콘밸리의 경우, 대표적으로 엑셀러레이터로 와이컴비네이터(Y-Combinator), 500스타트업(500 Startups), 플러그앤플레이(Plug & Play) 등이 활동 중이다. 자금투자, 경험 공유 및 멘토링, 마케팅 지원, 언론과 투자자를 대상으로 아이디어 발표 등을 통해 스타트업의 성공을 돕고 있다. 또한, 미국 실리콘밸리의 US MAC(Market Access Center)은 비영리 비즈니스 지원센터인데 창업 초기 회사에 법률·금융·회계 등의 분야에서 도움을 주고 있다. 덕분에 실리콘밸리에는 거대 IT기업들이 몰려들고 있고, 실력 있는 뛰어난 개발 역량을 갖춘 엔지니어들도 포진하고 있다.

캐나다의 실리콘밸리로 불리는 곳은 온타리오 주 키치너-워털루 지역이다. 이곳에는 세계에서 가장 성공적인 산학협력 교육과정으로 평가받는 워털루 대학의 코업(CO-OP) 프로그램이 있다.

스타트업에서 벤처로

 U.K.	- 1,300여 스타트업 활동중인 'Tech City' 이스트 런던 - Fintech(금융 IT 융합 사업) 관련 창업 중심지로 부상
Israel	- 텔아비브 중심의 다국적 인재 스타트업 환경 구축 (63개 나스닥 상장) - MS, 구글 등 기업, 텔아비브대학 등 학/연을 통한 인큐베이팅 지원
Singapore	- 동남아 진출 전진기지로 홍보하며 전세계 창업인 유치 - 동亞 최대 엑셀러레이터 JFDI Asia, 신생벤처 센터 Block71 등 운영
 U.S.	- 대표 엑셀러레이터 운영: Y Combinator, 500 Startups, Plug & Play - US MAC(Market Access Center): 해외 tech기업 미국 시장 진입 지원 - 거대 IT기업들의 자금력과 개발역량을 갖춘 엔지니어들 포진
 Canada	- 세계 최고 Co-Op 프로그램을 갖춘 워털루 대학에서 기술 인력 조달 - 블랙베리 퇴직인력을 바탕으로 다수 신흥 벤처기업 탄생
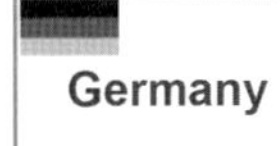 Germany	- 베타하우스·데스크막 등 민간 창업 지원 기업 활성화 - 유명 인큐베이터 RocketInternet, 엑셀러레이터 Team Europe 등 운영

Source: ADL Analysis

코업 프로그램은 캠퍼스에 기업과 동일한 환경을 마련해놓고 실무교육을 집중적으로 실시하는 교육방식으로 학습과 근로 경험이 융합된 형태다. 한 학기 수업, 한 학기 현장실습을 교차로 진행하며 기업 연결 및 상담 등의 프로그램도 적극 지원하고 있다.

캐나다의 약 4,500개 IT 기업이 해당 프로그램 이수자를 채용하고 있으며, 워털루 대학의 코업 프로그램 성공 후 캐나다 대부분의 대학이 이 프로그램을 채택하고 있다. 그 외 블랙베리 퇴직 인력을 바탕으로 신흥 벤처기업들이 생겨나면서 워털루 지역경제는 더욱 활성화되고 있다.

독일에는 베타하우스, 데스크막, 파운더인스티튜션, 테크놀로지센터 등 민간 창업 지원 기업들이 활성화되어 있다. 창업 형태도 다양해지면서 큰 규모의 자금을 운용하면서 스타트업 기업들을 지원하는 인큐베이팅 회사도 생겨났다. 팀유럽(Team Europe), 로켓인터넷(RocketInternet) 등이 그 예다.

로켓인터넷의 경우, 2007년에 설립된 회사로 이베이와 유사한 인터넷 경매업체인 알란도를 키워 이베이에 5,000만 달러에 매각하기도 했다. 세계 최대 할인쿠폰 업체인 그루폰도 키워내는 등 스타트업에 투자해 키우는 일을 주로 해왔다. 현재까지 50여 개국 75개 벤처기업을 만들었으며, 주로 모바일 결제, 전자 상거래 분야 쪽의 기업들이다. JP모건 등도 로켓인터넷에 투자하고 있다.

라즈베리 파이(Raspberry Pi)는 크라우드 펀딩 서비스를 이용해 자금을 모았고, 결과적으로 새로운 시장을 성공적으로 창출한 사례다. 라즈베리 파이는 라즈베리재단에서 만든 35달러, 한화로

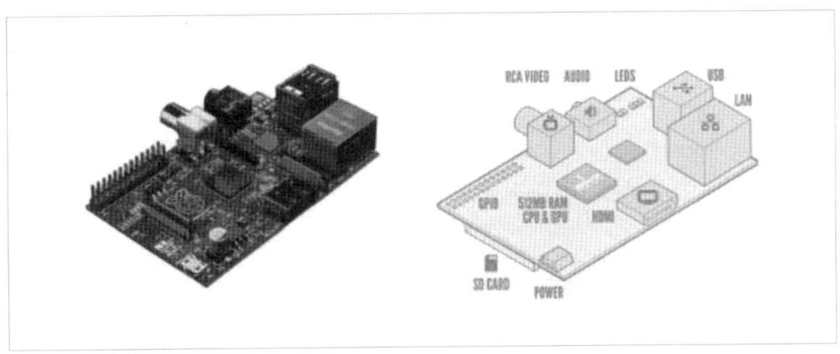

라즈베리 파이

단돈 4만 원짜리 초소형 컴퓨터다. 크기는 신용카드 크기로, TV나 태블릿 등에 끼워서 사용할 수 있도록 설계돼 일반 TV나 PC용 모니터를 출력장치로 활용해 컴퓨터처럼 사용할 수 있다.

더 나아가 게임기 및 스마트폰으로도 이용 가능하며, 기업들은 데이터센터 저전력 서버 등으로 다양하게 활용할 수 있다. 이것은 저전력 ARM[67] 기반 모바일 프로세서와 개방형 운영체제(OS)를 탑재했기 때문에 가능했다.

이러한 PC가 만들어진 것은 저원가의 PC를 만들어보자는 생각에서였다. 영국 케임브리지 대학에서 최초로 시도되었으며, 이를 통해 고가의 PC를 사들일 수 없는 개발도상국 아이들에게 PC를 저렴하게 공급해 국가 간 정보격차를 줄이고자 하는 것이 그들

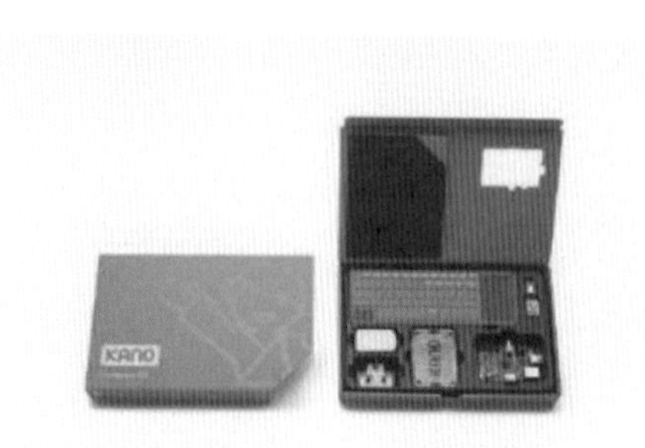

카노키트

의 목적이었다. 애초 예상 판매 대수는 수 천대 정도로 생각했지만, 첫 제품 판매 1년 만에 100만대를 돌파했다. 또한, 출시 후 2년 동안은 250만 대 이상을 판매하는 대성공을 거두며 사이즈와 가격을 낮춘 제품으로 새로운 고객을 확보했다.

여기서 좀 더 그럴듯한 PC로 만든 것이 '카노키트'였다. 라즈베리 파이를 부품으로 하는 99달러짜리 조립식 PC인데, 2013년 크라우드펀딩 서비스인 킥 스타터에서 모금한 결과 1달 만에 152만 달러를 모을 수 있었다. 무려 1만 3,000여 명이 모금에 참여한 것이다.

라즈베리재단의 이러한 시도는 소비자와 생산자가 제품 자체를 매우 새롭게 인식하게 해주었다. 기존의 틀에서 벗어나 새로운

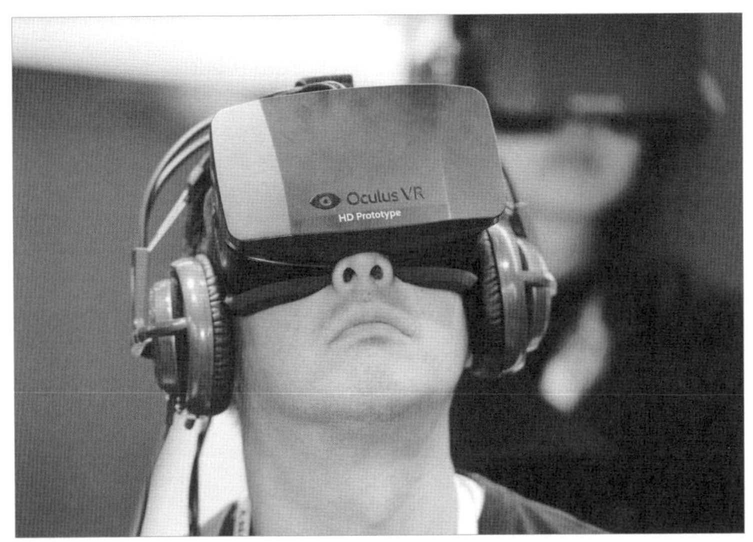

오큘러스 리프트

제품으로 활용할 수 있도록 했고 제품 경험의 공유 문화가 확산되면서 소비자가 중심이 되어 기술과 제품을 개발한다는 인식이 조성될 수 있었다. 이렇듯 타 부품과의 확장성을 지닌 제품이다 보니 앞으로 이 자체가 모듈형 제품으로서 다양한 디스플레이 제품에 접목할 수 있을 것 같다.

또 다른 사례로 2012년 창립된 오큘러스 VR에서 내놓은 HMD인 오큘러스 리프트가 있다. 주로 3차원 게임 등 가상현실 구현에 사용되는 것이 특징이다.

블룸버그의 오큘러스 리프트 활용 사례

평형측정계와 가속도계, 그리고 자력계 등 다양한 센서를 내장해 사용자가 어떤 방향으로 머리를 움직이든 그 방향을 실시간으로 파악한다. 단지 영상출력에만 머물렀던 기존의 헤드마운트 디스플레이에서 더 나아가 시선에 따라 화면이 변하는, 그래서 마치 가상현실 안에 존재하고 있는 느낌을 주어 몰입감과 입체감을 극대화한다는 것이 굉장히 혁신적이다.

오큘러스 VR은 창업 2년 만에 페이스북에 약 2조 4,000억 원 정도에 인수됐는데, 이 정도 규모의 M&A가 우리나라에서도 충분히 나올 수 있도록 해야 한다. 페이스북의 CEO 마크 저커버그는 오큘러스를 인수하면서 '최고의 소셜 플랫폼이 될 잠재력이 있다'고 밝히기도 했다. 저커버그는 단순히 게임만을 생각하는 것이 아니라, 이 안에서 광고, 스포츠중계, 학습, 진료, 금융 등 다양한 플랫폼들이 통합될 수 있는 메타버스(Metaverse)[68] 구현을 목표로 하고 있다. 이러한 향후 미래 성장성을 보고 마크 저커버그가 오큘러스를 인수한 것으로 보인다.

이미 블룸버그(Bloomberg, 금융시장의 뉴스와 데이터, 분석정보를 서비스하는 미국의 미디어 그룹)에서는 오큘러스 리프트 활용을 검토하고 있다. 기존에는 4개의 디스플레이 패널을 통해 정보를 받았다면, 20개 이상을 볼 수 있게 만들고 있다. 결과적으로 하드웨어 단말기, 즉 컴퓨터 모니터를 더 많이 구매하지 않고도 가상의 디스플레이로만 구현하게끔 한 것이다. 이런 사례로 봤을 때 앞으로 여러 가지 새로운 형태의 디스플레이가 나타날 것으로 예상한다.

벤처기업에서 중소·중견기업으로

이제 두 번째 단계로, 이런 벤처기업들을 어떻게 중소· 중견 기업으로 성장시킬 것인가에 대해 고민해야 한다. 이렇게 되기 위해선 새로운 패널을 적용한 제품들이 대규모로 양산될 수 있도록 개발 지원이 이루어져야 한다. 이미 선진국에는 소규모 기업들의 제품들만을 전문적으로 위탁 생산하는 기업들이 존재하고 있다.

미국의 플렉트로닉스(Flextronics)라는 회사는 애플과 MS 등의 OEM 업체인데, 2013년 매출만 하더라도 240억 달러(한화로 약 24조 원)에 이를만큼 대형 기업으로 성장했다. 이 회사는 OEM 업체이긴 하지만, 양산 체제로 전환하는 신생기업들에 디자인과 기술, 생산 지원을 제공하는 'Lab IX'라는 엑셀러레이터 사업을 시작했다. 즉, 신생기업에 투자하고, 그 기업의 제품을 자신들의 생산 설비에서 생산해주는 것이다.

2013년에만 신생기업 4곳에 투자를 했고, 심박률과 호흡률 측정센서를 압축셔츠에 삽입한 OM시그널도 그 중의 하나다. 우리나라에는 잘 알려지지 않은 사례이지만, 이러한 방식으로 신생기업들을 대상으로 대기업이 직접 투자를 해서 양산을 도와주는 방식을 대한민국 기업들도 적극 생각해볼 필요가 있다. 신생기업 유치를 위한 대기업의 변화가 필요한 시점인 것이다.

아일랜드 기업 쉬머(Shimmer)는 창업을 위한 일종의 공유경제 플랫폼을 제공하는 회사다. 일반인들이 직접 조립해서 웨어러블 디바이스를 만들 수 있도록 오픈 소스 기반의 개발 도구를 표준화해서 20~30달러의 저렴한 가격에 판매하고 있다. 또 웹사이트와 다양한 커뮤니티들을 통해 전 세계 제조자들이 각종 제조 방법과 경험을 자유롭게 공유하게끔 지원하고 장려하고 있기도 하다.

크리스 앤더슨은 제조업과 디지털 기술의 융합을 통해 누구든 아이디어만 있으면 제품을 생산하고 유통할 수 있다고 말했고, 이것이 바로 '생산수단의 보편화', '공유경제를 통한 자본의 한계 극복'이다. 이런 움직임들이 우리나라에서도 잘 일어날 수 있도록 하는 것이 필요한데, 디스플레이 업체 간에 서로 네트워킹이 잘 돼서 시너지를 낼 수 있도록 더욱 적극 움직여야 한다.

중소·중견기업에서 글로벌 기업으로

마지막 세 번째 단계는 중소·중견기업이 어떻게 글로벌 기업으로 성장할 것인가에 대한 문제다. 이에 대한 해답과 교훈은 구글에서 찾아볼 수 있다.

벤처에서 출발했지만, 지금은 세계 최대의 IT 기업인 구글은 빠른 시장 진입과 세력 확대를 위해 끊임없이, 적극적으로 M&A를 해왔다. 1998년 설립된 구글은 2004년 인공위성 인수로 구글 어스 및 사진 업로드 서비스를 시작했고, 2004년에는 안드로이드

OS를 인수하면서 콘텐츠 플랫폼을 구축했다. 2006년에는 유투브를 인수하면서 동영상 서비스를 시작했고, 2010년에는 애그니럭스(Agnilux)를 인수하면서 하드웨어 핵심 기술을 확보했다. 2011년에는 모토로라 모빌리티(Motorola Mobility)를 인수하면서 안드로이드 기반의 스마트폰 제조 발판을 마련했고, 2013년에는 네트(Nets)를 인수하면서 스마트 홈 시장 진출에도 발판을 마련했다. 나아가 8개의 로봇회사를 인수하면서 다양한 하드웨어 적용 기술까지 확보했다.

구글은 현재 소프트웨어 1위 회사를 넘어 로봇 등 하드웨어 분야로 영역을 확장해 나가고 있다. 1998년 창업 이래로 지난 10여 년 동안 약 200건이 넘는 M&A를 진행했다. 인수 금액만 300만 달러에 달한다. 구글의 M&A 행보는 최근 들어 더 확장되고 있다. 2014년 1월부터 7월까지 23개 업체를 인수했으며, 이 기간에 M&A에 들인 비용만 42억 달러(한화로 약 4조 3,000억 원)에 달한다. 서비스를 강화하고 성장 동력을 확보하는데 조금이라도 도움이 된다고 판단하면 무조건 사들이는 분위기다. 현재 전 세계 사람들 10명 중 9명은 구글로 검색하고, 스마트폰 사용자 10명 중 8명이 안드로이드폰을 사용하는데, 앞으로 구글의 글로벌 영향력은 더욱 커질 것으로 보인다.

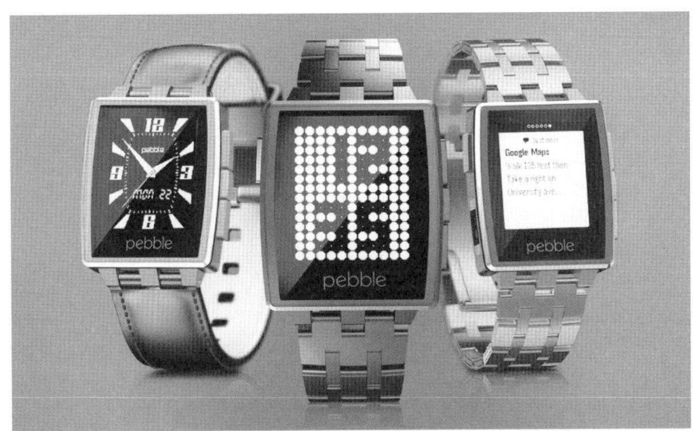

페블 워치

스마트 워치를 제작하는 페블 워치의 사례도 빼놓을 수 없다. 전 세계 웨어러블 시장의 실질적인 선두 주자이자 가장 혁신적인 기업으로 평가받고 있는 기업이기도 하다. 페블 워치는 2008년 '스마트폰 기능 중 극히 일부를 손목으로 가져오자'라는 발상에서 시작됐고, 그 개념 하나만으로 100억 원 이상의 투자를 받았다. 그리고 시계 안에 건강 관련 콘텐츠를 구현하기 위해 런키퍼(Run Keeper)라는 소프트웨어와 일종의 파트너십을 맺어 관련 기능을 집어넣었다. 덕분에 스마트폰 없이 페블 워치만 있어도 자신의 운동 상태, 건강 상태를 체크할 수 있는 편리함을 소비자들은 누릴 수 있다. 현재 이것은 미국에서 가장 인기 있는 아이템으로 인기를 끌고 있다.

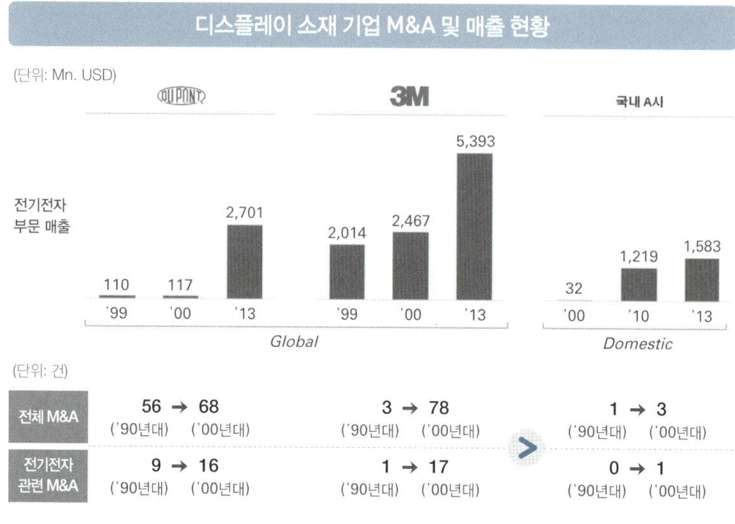

1) Dupont '00년 이전 매출은 전기전자 관련 Electronics 기준으로 산정
2) 삼성정밀화학, 제일모직은 전기전자 분야 사업을 각각 '04년, '00년에 시작하여 해당 연도 부터의 매출 표시
Source: Annual Reports, ADL Analysis

이렇듯 하드웨어 기업과 소프트웨어 기업 간 파트너십으로 한층 더 시장 지배력을 강화할 수 있다. 현재는 이 외에도 페블 워치에 들어갈 다양한 애플리케이션들이 많이 나오고 있고, 또 개발하고 있다. 우리나라에서도 M&A나 파트너십의 활성화를 도모, 많은 기업이 글로벌 기업으로 도약하는 것이 필요하다.

사실 M&A를 한다는 것은 대기업들이 할 수 있는 행동이긴 하다. 그렇다면 대기업들이 얼마나 잘해왔는가. 글로벌 소재 화학 기업인 듀폰과 3M, 그리고 대한민국의 A 기업과 비교를 해봤다.

1990년대부터 지금까지 듀폰과 3M은 기업 차원의 수많은 M&A가 있었고, 그 안에서 전기전자 관련 M&A도 꽤 진행했던 반면에 국내 기업은 매우 미미한 수준이다. 앞으로 글로벌 시장에서 경쟁력을 강화하려면, 대한민국 기업도 글로벌 기업들이 M&A나 파트너십을 통해 도약했던 사례를 적극 검토해 벤치마킹[69]할 필요가 있다.

5 스마트 생산을 시작하라

미래형 제조 플랫폼

시장의 경쟁력을 뒷받침하는 기본은 원가 경쟁력이다. 이는 첨단의 디스플레이 산업도 마찬가지다. 국가 차원의 원가 경쟁력을 어떻게 확보할 것인가, 공공의 과제로써 방법을 찾아야 하는데 이에 대한 대안이 바로 미래형 제조 플랫폼이다.

역사적으로 생산 시스템이 진화해온 방향을 보면 18세기의 커뮤니케이션 방식은 책과 신문이었고 20세기에는 전화기와 TV, 1970년 이후에는 인터넷과 SNS가 널리 사용되고 있으며, 2020년 이후에는 사물 인터넷이 보편화할 것으로 보인다.

생산 방식은 18세기 후반 기계화였으며, 20세기 초반은 대량 생산, 1970년 이후에는 부분 자동화에서 2020년 이후엔 시뮬레이션

생산 시스템 진화 방향

	18세기 후반	20세기 초반	1970년 이후	2020년 이후
커뮤니케이션 방식	책, 신문 등	전화기, TV 등	인터넷, SNS 등	사물 인터넷 서비스 간 인터넷
생산 방식	생산 기계화	대량 생산	부분 자동화	시뮬레이션을 통한 자동 생산
생산 통제	사람	사람	사람 / 자동화 기계	기계 스스로

을 통한 자동 생산 시대가 열릴 것으로 보인다. 특히 생산 통제 시스템은 18세기 후반부터 20세기 초반까지는 사람이, 그러다 1970년 이후에는 일정 부분 자동화가 이루어졌으며, 2020년 이후에는 기계 스스로 모든 생산을 통제할 것으로 보인다.

다가올 2020년에는 사물인터넷 등 다양한 서비스 영역에서 IT가 더욱 강화되어 산업 기기부터 생산과정까지 모든 것이 네트워크로 연결되어 사람 없이 기계 스스로 생산하고 통제하고 수리할 수 있는 생산 방식이 더욱 활발해질 것으로 전망된다. 따라서 이러한 미래의 생산 플랫폼 도입을 지금부터 차근차근 준비해야 한다.

소품종 모듈생산 시스템

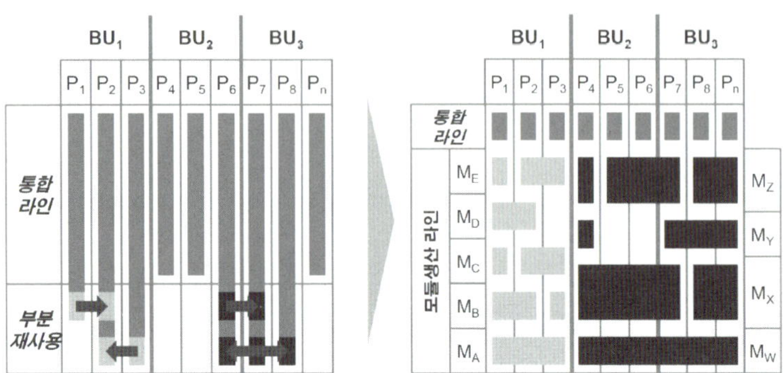

*"기존 라인별 대량 생산방식에서
소규모 모듈 생산방식 도입 필요성 증가"*

미래형 제조 플랫폼 – 모듈화

앞으로는 반제품 모듈화 시스템이 더욱 많이 요구될 것으로 보인다. 디스플레이 수요산업이 다양화되면서 수요산업별로 새로운 패널들을 요구하게 될 것인데, 이에 대응 가능한 디스플레이 생산 역량을 갖추기 위해서는 반제품 모듈화가 필수적이다.

모듈화는 쉽게 말해 하나의 완제품을 만드는데 들어가는 수많은 부품을 '모듈'이라는 부품 덩어리로 만들어 공급하는 방식을 의미한다. 즉 기능별, 조립영역별로 부품을 결합해 하나의 더 큰 단위로 만드는 것인데, 완제품 업체 입장에서는 모듈 단위로 납품을 받게 되면 조립 공정을 최소화해 시간을 절약할 수 있다는 장점이 있다. 그뿐만 아니라 다양한 소비자들의 요구에 맞춰 발 빠르고 유연하게 조립, 확장, 용도 변경까지 가능하다. 디스플레이 수요 산업이 다양화될수록 이러한 효율적인 생산 시스템 구축은 필수다.

미래형 제조 플랫폼 – 사물인터넷

앞으로는 사물인터넷을 기반으로 제품 생산의 모든 과정 간의 양방향 정보 공유가 가능해질 것이고, 이것은 최적화된 생산 시뮬레이션을 활용한 제조 플랫폼의 구축으로 이어질 것이다.

예를 들면 2020년 이후는 제품을 생산하기도 전에 어떻게 최적화된 제품을 생산할 수 있을 것인지에 대한 시뮬레이션을 하게 되고, 그것을 토대로 생산이 들어가 당연히 생산성과 효율성이 높아질 수밖에 없다. 생산 혁신은 제조, 판매 이후 서비스 단계까지 최적화된다. 제품 출시 이후 어떤 결함이 발생했을 때 해당 제품의 제조 공정과의 정보 교환을 통해 제품을 재설계할 때 반영된다.

이렇듯 산업 기기부터 생산과정까지 모든 것이 네트워크로 연

사물인터넷 적용 新제조 플랫폼

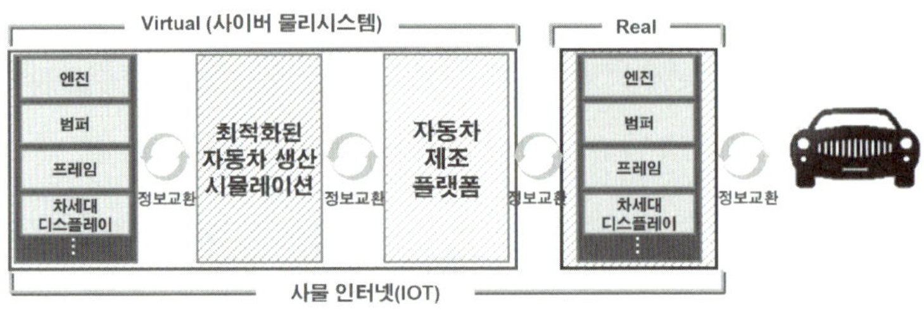

결된 상황 속에서, 각 과정에서 생성되는 데이터를 어떻게 활용하느냐에 따라 앞으로 기업 가치는 어마어마하게 달라질 수 있다.

미래형 제조 플랫폼 – 스마트 생산

이미 독일에서는 2012년 스마트 생산을 첨단 기술전략 10대 미래 프로젝트로 선정해 3년간 5억 유로(한화 약 6,689억 원)를 투자하는 등 정부 차원의 충분한 지원이 이뤄지고 있다. 미국과 일본 등에는 ICT와 제조업 융합을 추진 중이긴 하나, 정부 차원의 체계적 도입은 독일이 유일하다. 독일은 정부 차원에서 워킹그룹[70]을 구성해 산업별 전문 기업, 유명 대학, 연구기관들과 연합을 해서 스마트 생산을 추진하고 있다. 독일 기업의 47%가 참여 중이며, 그 중 18%는 연구 단계, 12%는 실제 실행에 옮기는 단계라고

제조업 부가가치 상승 제한적

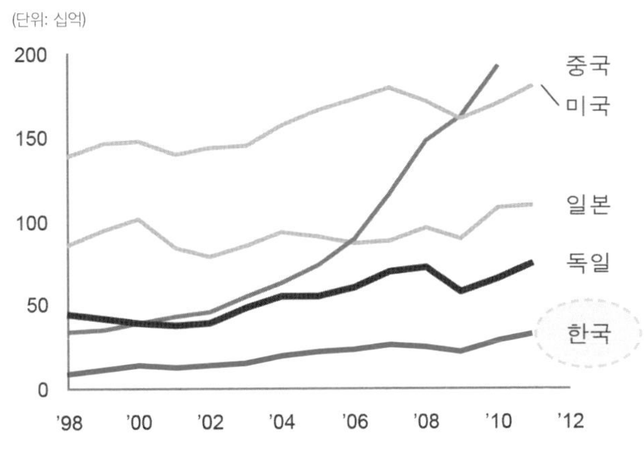

한다. 독일은 원래부터 제조업 기반의 경쟁력이 탄탄한 나라인데, 이렇게까지 진화하고 있는 것을 보면 대한민국도 이렇게 진화해서 경쟁력을 높여야 중국과의 격차를 더 벌리고, 차별화를 이뤄낼 수 있을 것이다. 이와 같은 스마트 공장을 구축하는 것이 우리에게 왜 중요한 것인지는 그동안 대한민국이 직면한 제조업의 세 가지 한계를 보면 더 잘 이해가 될 것이다.

첫째, 그동안 제조업의 부가가치 창출 능력이 현저히 떨어졌다. 국가별 제조업 부가가치를 비교해 봐도 중국, 미국, 일본, 독일과 비교했을 때 대한민국은 최하 수준에 해당한다. 게다가 대한민국

제조 참여 인력 감소

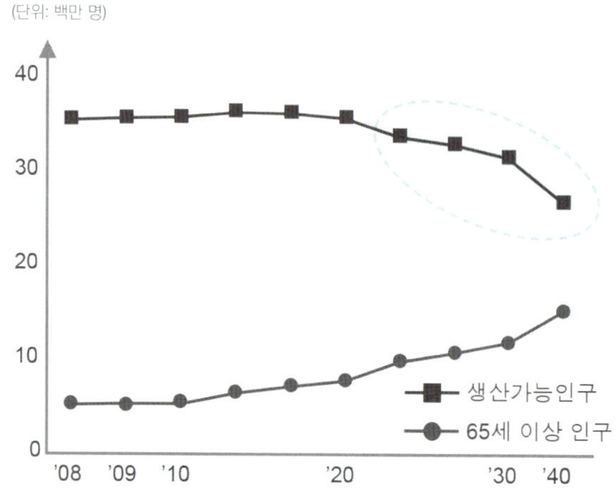

은 중간재의 외국 의존도가 높아 상당 규모의 부가가치가 외국으로 빠져나가고 있고, 고부가가치 산업인 서비스업 비중도 낮은 편이다. 따라서 부가가치를 높일 수 있는 대안이 절실한 상황이다.

둘째, 고령화가 가속화되면서 제조 참여 인력이 감소하고 있다는 것이다. 대한민국은 고령층의 증가 속도가 세계에서 가장 빠르다. 일본이 고령화 사회에서 고령사회, 초 고령사회로 진입하는데 각각 24년과 11년이 걸렸다. 하지만 대한민국은 각각 18년과 8년 정도로 예상, 세계 최고 수준의 고령화 속도를 보이고 있다.

효율적 에너지 사용의 한계

(단위: MTOE)

	에너지 자급률(%)	최종 에너지 소비량	제조업 비중(%)
독일	40.1	226.8	22.6
미국	77.8	1,500.2	12.6
일본	19.8	324.6	19.1
중국	91.4	1,512.2	32.2
한국	18.0	157.4	31.2

셋째, 우리나라는 자원이 거의 나지 않는 나라다. 이 때문에 어떻게 하면 자원을 효율적으로 사용할 수 있을 것인가에 대한 고민을 늘 할 수밖에 없다. 대한민국은 에너지 자급률은 낮은데 제조업 비중은 높은 편에 속한다.

하지만 스마트 생산 공장을 구축하면 이 세 가지 한계점을 극복할 수 있을 것으로 보인다. 빅데이터를 기반으로 한 맞춤형 제품 생산을 하게 되면 제조업 부가가치가 올라갈 것이고, IoT를 기반으로 무인 자동화 시스템을 구축하면 생산 가능 인력이 줄어든다는 한계점도 극복할 수 있을 것이다. 또한 각 공장의 가동현황, 각종 정보 공유 등을 통해 효율적으로 공장을 운영할 수 있으니 에너지 효율과 생산성도 높아질 것이다.

이 시점에서 우리는 2013년 구글이 진행한 프로젝트 아라(Project Ara)를 주목할 필요가 있다. 프로젝트 아라는 레고처럼 조립할 수 있는 스마트폰을 만드는 것으로 직육면체 모양의 케이스에 다양한 모듈을 끼워 넣으면서 소비자 스스로 스마트폰을 만드는 것이다. 사용자가 필요로 하는 기능의 모듈만 담을 수 있는 개인 맞춤형 스마트폰을 개발했다는 점에 큰 의미가 있다.

2015년에는 엔트리 모델로 '그레이 폰'이라는 시제품을 50달러에 출시할 계획을 하고 있다. 소비자들이 각자 자신의 색깔을 입힐 수 있도록 바탕색을 뜻하는 의미로 '그레이'라고 이름을 붙였다고 한다.

프로젝트 아라(Project Ara)

프로젝트 아라는 크게 세 가지 측면에서 의미가 깊다. 첫째로 소비자에게는 소비자 개인이 원하는 기능만 담아 맞춤형으로 휴대폰을 만들 수 있게 자유를 주었다. 또한, 스마트폰 성능이 떨어지면 해당 모듈만 구매해 갈아 끼우면 되기 때문에 향후 아라 스마트폰이 출시될 경우 현재 스마트폰보다 수명이 연장될 가능성도 크다.

두 번째, 모듈 규격정보 공개 및 표준화로 가격 인하 경쟁을 유발했다는 점과 생산자 입장에서 초저가 제품에 대한 수요가 있는 개발도상국 등의 고객들을 공략해 시장을 확장할 수 있다는 점에서 의미가 깊다.

마지막으로 산업 전반에 미친 영향을 봤을 땐 새로운 플랫폼 개발로의 확장 가능성을 제시했다는 점에서 의미가 크다. 스마트폰 뿐만 아니라 다른 기기에도 적용할 수 있다. 추가 모듈 장착으로 게임, 의료 기기 등으로도 활용할 수 있을 것으로 본다. 스마트 시계 등 웨어러블 기기에도 아라를 활용할 수 있다.

구글의 사례를 통해서 봤지만, 구글이 스마트폰을 활용하여 모듈화 방식으로 접근하는 것처럼 앞으로는 디스플레이도 모듈화가 될 수 있다. 소비자가 원하는 모듈만 선택해서 스마트폰을 만드는 것처럼, 디스플레이 또한 소비자가 원하는 것을 끼워 넣을 수 있는 시대가 도래할 것이라는 이야기다. 따라서 장기적인 관점에서 디스플레이 '업'을 재조명하고, 고객으로서 디스플레이를 다시 한 번 바라볼 필요가 있다. 이를 바탕으로 앞으로 디스플레이 제품의 모듈화 생산에 대해서 생각해 봐야 한다.

6 미래 맞춤형 정책을 세워라

미래형 규제와 정책

다섯 번째 어젠다는 정부의 정책 부분이다. 대한민국은 앞으로 다양한 수요산업이 열릴 것에 대비해서 미래를 선도할 수 있는 정책을 만들어야 한다.

사실 1990년대 중반부터 시작해서 현재까지 우리는 산업별 필요(needs)에 맞추어 광범위하게 정책적인 지원을 해왔다. 94년 정부는 LCD 기반 기술에 대한 개념을 세우고 5년간 256억 원의 자금을 투입해 중형 LCD 모듈 생산기술을 확보했다. 95년에는 세계 1위의 생산국으로 도약한다는 목표 아래 LCD와 PDP의 대형화 기술을 확보하는데 835억 원을 투입했다. 이러한 지원을 기반으로 응용 제품 개발, 장비기술 개발과 인력 양성 등의 프로젝트

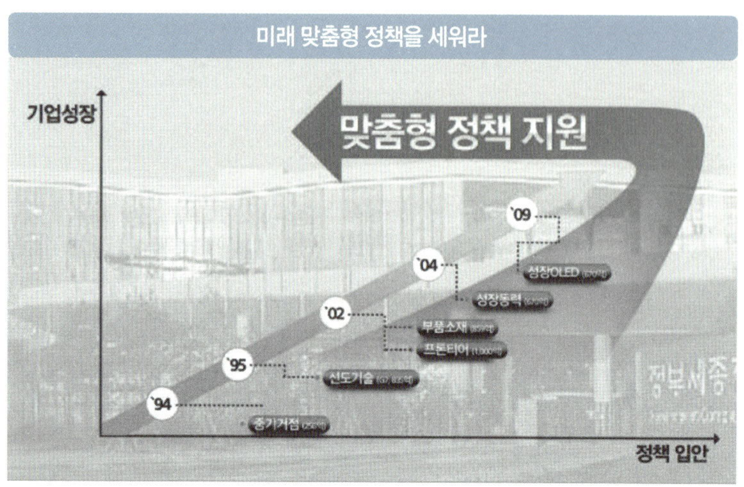

를 체계적으로 이어갔다. 더불어 2000년대에 들어서는 부품소재의 국산화를 비롯해 미래 선도기술 관점의 투자가 이어졌다. 이런 가운데 만들어진 목표가 투명·플렉시블 디스플레이의 세계 최초 상용화다.

정부는 앞으로도 미래의 발전 방향에 맞게 미래 관점에서의 규제 및 정책 지원을 추진해야 한다. 이러한 정책적 뒷받침은 앞으로 디스플레이 산업이 전통적인 기기에서 벗어나 새로운 시장을 적극 창출해 나가야 한다는 대전제에서 시작한다.

이론적으로 하나의 산업이 발전하기 위해서는 그 산업만 발전하는 것이 아니라 그 안에 속한 가치 사슬 간의 협력도 더욱 강화되어야 한다. 따라서 타 산업과의 융합 관점에서 어떻게 제품을 신속하게 개발하고 출시할 수 있는지에 대한 정책적 지원이 필요하다. 그렇게 된다면 시장이 더 빨리 열릴 수 있을 것이다. 따라서 각 산업의 필요에 맞춰 긴밀하고 광범위한 정부의 정책적 지원이나 제도적 기반을 마련해야 한다.

실패 없는 정책 마련을 위해 반면교사로 삼을 수 있는 것이 자동차 산업에서의 디스플레이 적용 실패 사례다. BMW의 헤드업 디스플레이가 대한민국 시장에 들어오려 했던 시기에, 우리나라에는 앞 유리에 주행정보를 반사해주는 장치 설치가 불가능했기 때문에 새로운 기술이 들어올 수 없었다. 마찬가지로 어댑티브 헤드라이트처럼 핸들과 연동된 헤드라이트 장치도 우리나라에는 그 기준이 없다는 이유로 과거 국내서 시판되는 차량에는 적용되지 못했다.

벤츠의 고속도로 자동속도제어 장치, GM의 타이어 파열 측정 장치 등도 국내와 외국 간의 법규 차이로 거부됐다. 이미 외국에서 선도 기술이 나와서 시장에 자리 잡은 기술에 대해서는 정부가 해묵은 규정을 들어 제재할 필요가 없다. 산업의 발전 속도에 맞춰 관련 규정을 다시 재검토해서 변경할 필요가 있다.

실제 자동차 안전기준에 대한 국토교통부 규정을 보면 제34조에 '창유리는 강화유리, 접합유리, 복층유리 또는 유리·플라스틱 조합유리 중 하나로 하여야 함'이라고 되어 있는데, 앞으로 다양한 소재가 발달해 여기에 새로운 소재를 활용한 디스플레이를 적용하기 위해선 해당 법 규정이 바뀌어야 한다.

이러한 해묵은 규정들을 디스플레이 업체들과 협력해서 새로운 규제들로 조속히 바꾸는 것이 시장을 개화시키는 시점을 앞당길 수 있을 것이다.

미래형 정책 – 시장친화

정책 마련은 산업별로 세세하게 마련하는 것이 필요하다. 자동차, 오피스 빌딩, 스마트 홈, 의료, 도로, 대중교통 등 영역별로 시장 친화적인 제도를 마련하기 위한 고민을 충분히 해야 한다. 일례로 자동차 분야를 보면 차량 내 창유리에 비유리 소재의 투명 디스플레이가 적용될 수 있도록 자동차 안전기준 규정을 재검토할 필요가 있다.

건물에 설치하는 디스플레이 창문광고와 도심미화정책 간 융화를 이룰 수 있도록 이와 관련된 가이드라인도 마련해야 한다.

자동차에서의 디스플레이 적용

건물에서의 디스플레이 적용

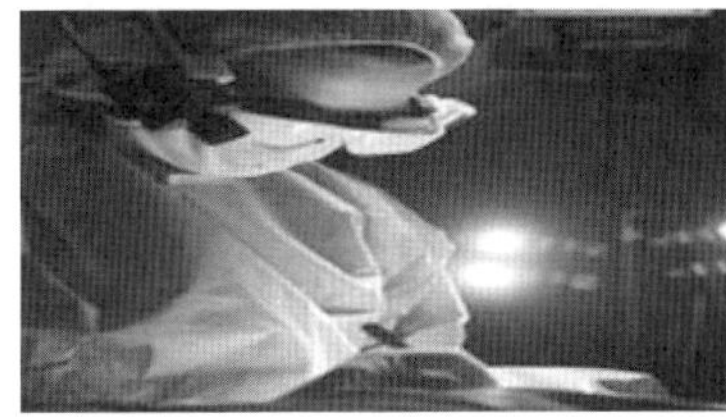
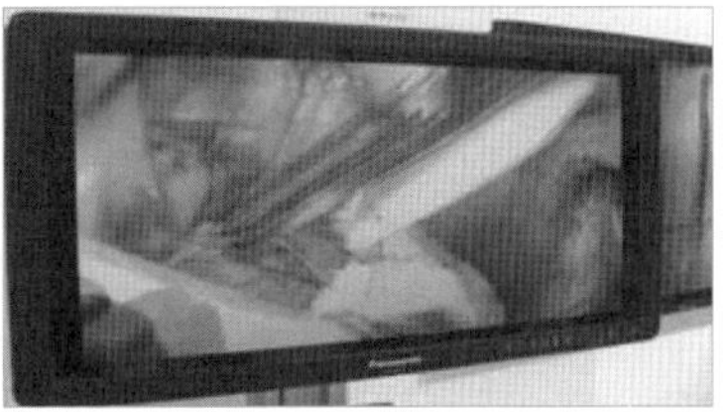

의료기기에서의 디스플레이 적용

의료기기 분야에선 스마트 안경, 캡슐 내시경 로봇 등의 새로운 기기가 의료기기로서 상용화 될 수 있도록 제도를 마련해야 한다.

도로시설과 관련해서는 새로운 형태의 신호등, 가로등, 도로표지판 등의 시설이 적용될 수 있도록 가이드라인을 마련해야 한다.

또한, 대중교통 창유리에 디스플레이가 적용될 수 있도록 안전기준 규정도 재검토해야 하며 디스플레이 창문 광고 등도 가능하

도로시설에서의 디스플레이 적용

대중교통에서의 디스플레이 적용

도록 이와 관련된 가이드라인도 필요하다.

이를 포함한 기타 여러 가지 제도들이 마련된다면 디스플레이 산업의 발전은 더욱 빨라질 것이다. 따라서 하루빨리 시장의 개화를 앞당기고 대한민국의 디스플레이 산업이 글로벌 시장을 선도할 수 있는 제도적 기반을 마련해야 한다.

넘버원 디스플레이

시점을 지금으로부터 10년 전인 2005년 1월로 돌려본다.

디스플레이 산업 내 1등을 달성하기까지 얼마나 숨차게 달려왔는가. 재충전을 위해 크게 숨을 들이쉰다. 잠시 뒤를 돌아보며 과거의 현장으로 시선을 옮긴다. 시선은 어느새 미국 라스베가스 에서 열리는 2005 International CES 전시장에 다다른다. 수많은 업체들이 참여한 가운데 유독 큰 면적의 부스를 화려한 불빛으로 장식하며 차지하고 있는 업체들은 한국과 일본의 대표적인 전자 업체들이다. 중국업체들의 존재감은 미미할 뿐이다. 디스플레이 산업은 TV와 모니터 등으로 대표되며, 새로운 시장을 만들고 있는 LCD, 시장의 정점을 향해 달려가고 있는 PDP가 전시장의 주역들이다. 대형화 및 화질 경쟁이 치열하게 벌어지며 수많은 업체들이 경쟁사와 테크니션 및 언론들에게 기술력을 자랑하고 있다.

샤프, 파나소닉, 도시바, 소니 등 일본 업체들의 위세가 대단한 가운데, 삼성과 LG를 위시한 한국 업체들의 존재감이 점차 커지고 있음을 느낀다. 중국 업체들의 디스플레이 제품들은 한국과 일본 업체들의Full HD 화질을 포함한 다양한 Form Factor(컴퓨터 하드웨어의 크기, 구성, 물리적 배열) 면과 비교해 열등한 수준이다. 일부 자동차 업체가 신형 차량을 전시했으나 디스플레이와의 깊은 연계성을 찾기는 어렵다. 전시장은 단연코 하드웨어 기술력을 앞세운 한국과 일본의 전장(戰場)이다.

이제 다시 카메라의 앵글을 2015년 1월로 돌려본다.

장소는 10년 전과 동일한 미국 라스베가스 2015 International CES 현장. 기존의 디스플레이를 활용한 제품들이 다양한 제품군으로 확대되고 있다. UHD와 양자점(Quantum dot, 퀀텀닷), OLED 등이 핵심 콘셉트로 전시되고 있고, 단순히 하드웨어만이 아닌 OS와 연동된 소프트웨어와의 결합과 사물인터넷(IoT) 플랫폼으로 확장할 전략들도 보인다. 이러한 제품군에 추가하여 드론(Drone, 무인기), 웨어러블, 3D 프린터와 사물인터넷(IOT), 스마트 홈 등이 핵심 키워드로 대두되고 있다. 또한 기존의 디스플레이 패널을 활용하여 새로운 상품 카테고리들이 형성되며 시장 자체가 다방면으로의 확장성을 보이며 성장하고 있다. 글로벌 유력 자동차 업체 10여 개가 마련한 별도의 전시 부스도 보인다. 전자기기와 통신설비, 디스플레이가 적용된 자동차가 전시되는 것도 과거와 크게 달라진 모습이다.

그러나 여기서 가장 주목할 것은 중국이다. 한국과 일본 사이에 디스플레이 패널 기술력을 갖춘 중국 업체들이 의미심장하게 들어와 있다. 2000년대에만 하더라도 기술력 측면에서 수년의 격차가 존재했지만, 지금은 당장에 위협적인 강자로 부상하고 있다. 점차 가공할 만한 위협으로 인식되는 것은 CES 현장에 수많은 중국의 중소 업체들이 기술력을 자랑하며 참여하고 있다는 것이다. 한국 입장에서는 항상 중소기업을 육성하고 기술력을 높인다는 거창한 말을 많이 하지만 정작 국제무대에서 하드웨어와, 소프트웨어 모든 차원에서 존재감을 드러내는 업체를 찾기는 아직까지 어렵다. 혁신적인 제품들과 소프트웨어는 오히려 미국과 이스라엘 등에서 탄생하고 있다. 또 스마트 글라스와 같은 웨어러블 기기와 가상현실을 보여주는 디스플레이 등이 하드웨어 크기로 경쟁하는 기존의 시장을 무색하게 만들며 새로운 수요를 만들고 있다.

산업전쟁이라는 큰 틀 안에서 본 디스플레이 시장 내 한국 업체들이 처한 현황을 분석하고 미래를 조망하는 지금 이 순간에도 새로운 기술력으로 무장한 기업이 등장하고 제품을 출시하며 글로벌 경쟁은 더욱 심화되고 있음을 느낀다. 2015년 현 시점에 중국의 높아진 기술력에 다시금 놀라며 동시에 혁신으로 무장한 글로벌 업체들을 바라보고 있는 형상이다.

그렇다면 향후 10년 후 2025년 CES 에서의 대한민국의 위상은 어떻게 될 것인가? 새로운 성공의 방정식과 게임의 룰을 전개하지 않는다면, 대한민국의 위상은 매우 초라해 질 수밖에 없을 것이다. 이제 과거의 화려한 성공은 잊고, 새로운 산업전쟁의 기틀을 마련해서 2025년을 화려하게 맞이해야 할 것이다. 본 프로젝트 보고서를 통해 대한민국 디스플레이 산업의 화려한 미래를 다시 한 번 기대해 본다.

본 프로젝트 수행에 있어서는 프로젝트 팀의 노력, 열정은 물론 이거니와 외부의 많은 분들의 도움이 있었다. 한국디스플레이산업협회를 비롯한 삼성디스플레이(대표이사 박동건), LG디스플레이(대표이사 한상범) 등을 비롯하여 한국디스플레이산업협회 사무국(상근부회장 김경수)과 중견 중소기업 대표, 수많은 국내외 전문가의 도움으로 분석의 깊이를 더할 수 있었다. 또한 글로벌 컨설팅 회사 아서디리틀(ADL, Arthur D. Little)의 이그나시오 가르시아 알베스 회장님을 비롯하여 ADL 미국·중국·유럽·일본 오피스의 도움을 통해 의미 있는 결과물을 도출할 수 있었다. 아울러 매일경제 미디어그룹의 장대환 회장님께도 깊은 감사의 마음을 전한다.

프로젝트 팀 일동

주석

1 LCD(Liquid Crystal Display, 액정 표시장치)

2 PDP(Plasma Display Panel, 플라즈마 표시장치)

3 IT(Information Technology) : 컴퓨터 하드웨어, 소프트웨어, 통신장비 관련 서비스와 부품을 생산하는 산업을 통칭한다.

4 소니(Sony Corporation) : 일본의 전기·전자기기 제조업체

5 샤프(Sharp Corporation) : 일본의 전자기기 제조업체

6 파나소닉전공주식회사(Panasonic Electric Industrial Co., Ltd.) : 일본의 전기·전자기기 제조업체

7 도시바(Toshiba Corporation) : 일본의 전기·전자기기 제조업체

8 히타치(Hitachi, Ltd.) : 일본의 전기·전자기기 제조업체

9 반도체(Semiconductor) : 전기가 잘 통하는 도체와 통하지 않는 절연체의 중간적인 성질을 나타내는 물질이다. 오늘날 전자기기에 널리 사용된다.

10 디스플레이(Display, 도형 표시장치) : 사용자에게 컴퓨터가 알리려는 내용을 화면으로 보여주거나 입력하는 내용이 컴퓨터에 제대로 전달되었는지 사용자가 화면을 통해 볼 수 있도록 하는 장치로 모니터를 말한다. 종류로는 CRT(Cathode Ray Tube), VDT(Video Display Terminal), LCD 등이 있다.

11 화웨이(华为技术有限公司) : 1988년 화시전자로 시작 현재 중화인민공화국에서 가장 큰 네트워크 및 통신 장비 공급업체다.

12 ZTE(ZTE Corporation, 中兴通讯股份有限公司) : 중화인민공화국의 다국적 전기통신 장비 및 시스템 기업이다.

13 레노버(Lenovo private limited, 联想集团有限公司) : 중화인민공화국 최대의 다국적 민영 기업이다. 노트북, 프로젝터, 데스크톱 컴퓨터, 워크스테이션, 서버, 스토리지 등 다양한 제품을 제조하고 판매하고 있다. 2005년 IBM의 PC 부문을 인수했다.

14 웨어러블 디바이스(Wearable Device, 착용형 장치) : 사전적 의미로 착용할 수 있는 장치라는 뜻으로 액세서리형, 직물/의류형, 신체 부착형, 생체 이식형 등 크게 4가지 형태로 분류한다.

15 애플리케이션(Application) : 일반적으로 응용프로그램이라 한다. 보다 넓은 의미의 애플리케이션은 특정한 업무를 수행하기 위해 고안된 일련의 컴퓨터 프로그램 집합을 말

한다.

16 HMD(Head Mounted Display) : 안경처럼 머리에 쓰고 대형 영상을 즐길 수 있는 영상 표시장치를 말한다. 휴대하면서 영상물을 대형화면으로 즐기거나 수술이나 진단에 사용하는 의료기기에 적용할 수 있는 차세대 영상 표시장치다.

17 GPS(Global Positioning System, **위성항법장치**) : 비행기, 선박, 자동차뿐만 아니라 세계 어느 곳에서든지 인공위성을 이용하여 자신의 위치를 정확히 알 수 있는 시스템을 말한다.

18 **증강현실**(Augmented Reality) : 사용자가 눈으로 보는 현실 화면이나 실제 영상에다, 문자나 그래픽 같은 가상 정보를 실시간으로 중첩 및 합성하여 한 영상으로 보여 주는 기술이다.

19 **아베노믹스**(Abenomics) : 유동성 확대를 통해 디플레이션에서 벗어나겠다는 아베 신조 일본총리의 경기부양책을 말한다.

20 **엡손**(セイコーエプソン株式会社, **세이코엡손주식회사**) 일본의 기술 기업이며 컴퓨터 프린터, 정보 및 이미징 관련 장비를 제조하는 세계적 업체다.

21 **도요타**(Toyota Motor Corporation, **도요타자동차**) : 일본의 세계적인 자동차 제조업체다.

22 JDI(Japan Display Inc., **재팬디스플레이**) : 2012년 4월, 일본의 소니, 히타치, 도시바 3개 사가 중소형 LCD 패널 사업을 통합해 설립한 회사다.

23 **사이드 미러**(Side Mirror) : 자동차 따위에서, 차체(車體)의 앞쪽 옆면에 다는 거울을 말한다.

24 **룸 미러**(Room Mirror) : 운전자가 차량 뒤쪽의 움직임을 잘 볼 수 있도록 차량 안쪽의 운전석과 조수석 사이의 중간 지점 바로 위쪽에 설치하는 거울로, '인사이드(inside) 미러'라고도 한다.

25 **센터페시아**(Center Fascia) : 대시보드 중에서 운전석과 조수석 사이에 있는 컨트롤 패널 부분을 말한다. 이곳에는 오디오·에어컨·히터의 컨트롤러, 내비게이터, 송풍구, 시거잭과 재떨이, 컵홀더 따위를 설치한다.

26 **디지털이미징서비스**(Digital Imaging Service) : 인터넷 사이트를 통해 디지털 이미지를 합성 및 보관, 전송, 인화해주는 서비스를 말한다.

27 **스마트 홈**(Smart Home) : 가전제품을 비롯한 집안의 모든 장치를 연결해 제어하는 기술을 말한다.

28 **사업 포트폴리오**(Enterprise Portfolio) : 기업을 구성하고 있는 사업 단위와 제품의 집합체를 말하며, 사업단위 간 투자우선순위와 자원배분의 효율성을 도모할 수 있다.

29 **스마트폰 운영체제**(Smart Phone Operating System) : 스마트 폰에 요구되는 각종 기능들을 효과적으로 실현시키기 위하여 탑재되는 운영 체계를 말한다. 대표적으로 애플 iOS 운영체제와 구글 안드로이드 운영체제가 있다.

30 **카니벌라이제이션**(Cannibalization, **자기시장잠식**) : 한 기업에서 새로 출시하는 상품으로 인해 그 기업에서 기존에 판매하던 다른 상품의 판매량이나 수익, 시장 점유율이 감소하는 현상을 가리킨다.

31 **캐논**(Canon Inc.) : 일본의 다국적 기업으로 디지털 사진기, 사무기기, 광학기기 등을 생산하고 있다.

32 **니콘**(Nikon Corporation) : 일본의 광학기기 제조업체로 카메라, 망원경, 현미경, 전자화상기기 등 다양한 광학기기를 제조 및 판매하고 있다.

33 SCM(Supply Chain Management, **공급망관리**) : 물건과 정보가 생산자로부터 도매업자, 소매상인, 소비자에게 이동하는 전 과정을 실시간으로 한눈에 볼 수 있으며, 제조업체는 고객이 원하는 제품을 적기에 공급하고 재고를 줄일 수 있다. '공급사슬관리' 또는 '유통 총공급망관리'라고도 불린다.

34 ERP(Enterprise Resources Planning, **전사적 자원관리**) : 한마디로 기업 내 통합정보시스템을 구축하는 것을 말한다. ERP는 인사, 재무, 생산 등 기업 내 독자운영시스템을 하나로 통합하여 인적·물적 자원의 활용도를 극대화하고자 하는 경영혁신기법이기도 하다.

35 **핵심성과지표**(KIP, Key Performance Indicators) : 조직의 목표 달성의 정도를 계량하는 지표를 말한다.

36 **선진 계획 스케줄링**(APS, Advanced Planning & Scheduling) : 진일보된 생산계획(Planning)과 일정계획(Scheduling)을 수립하는 소프트웨어를 말하며 의사결정 도구로 활용된다.

37 **제품 개발 관리**(PDM, Product Development Management) : 제품 개발 프로세스를 중심으로 효율적으로 관리하는 시스템을 말한다.

38 **업무 매뉴얼**(GPPM, Global Policy Process Management) : 전산화된 업무 매뉴얼로 각 직무 및 조직 특성에 맞게 업무의 수행순서와 관련 부서와 협의방법을 전자 매뉴얼화한 것을 말한다.

39 **상호공급계획 예측 프로그램**(CPFR, Collaborative Planning Forecasting and Replenishment) : 공급망관리(SCM)의 일종으로 제조업체와 유통업체가 제품의 신속하고 효율적인 공급을 위해 공동운영하는 업무프로세스를 말한다. 유통업체와 제조업체가 공동으로 수요예측을 통해 향후 예측력을 높이고 재고와 결품을 최소화한다.

CPFR은 협력사들과 SCM 혁신을 강화하기 위한 활동이다.

40 **판매운영계획**(S&OP, Sales & Operations Planning) : 기업이 수요와 공급의 균형을 달성할 수 있도록 지원하는 의사결정 프로세스를 말한다. 수요계획, 생산, 영업, 마케팅, 구매, 물류 등 관련 부서들이 참여한다.

41 **변화가속화 과정**(CAP, Change Acceleration Process) : GE의 잭 웰치 회장이 고안한 것으로 체계적이고 빠른 조직 변화를 추진하기 위한 경영혁신기법을 말한다.

42 BLU(Backlight Unit, **백라이트 유닛**) : 액정 표시장치(LCD) 등 액정 화면의 뒤에서 빛을 방출해 주는 역할을 하는 광원 장치를 말한다.

43 OLED(Organic Light-Emitting Diode, **유기발광다이오드**) : 형광성 유기 화합물에 전류가 흐르면 빛을 내는 발광현상을 이용하여 만든 유기물질로, 화질 반응속도가 초박막 액정표시장치(TFT-LCD)에 비해 1,000배 이상 빨라 동영상을 구현할 때 잔상이 거의 나타나지 않는 차세대 평판 디스플레이다. 자연광에 가까운 빛을 내고, 에너지 소비량도 적다. 구동 방식에 따라 수동형(PM, passive matrix)과 능동형(AM, active matrix)으로 나뉜다.

44 **플라자 합의**(Plaza Agreement) : 1985년 9월 22일 미국의 뉴욕에 위치한 플라자 호텔에서 프랑스, 독일, 일본, 미국, 영국으로 구성된 G5의 재무장관들이 외환시장의 개입으로 인하여 발생한 달러화 강세를 시정하기로 결의한 조치를 말한다.

45 CSOT(深圳市华星光电技术有限公司, **화성광전**) : 중국 디스플레이 업체로 중국 최대 TV 생산업체 TCL의 자회사로 TV 패널만 전문적으로 생산하고 있다.

46 BOE(京東方科技集團) : 중국 최대 디스플레이 업체로 2003년1월 하이닉스 LCD사업부를 인수해 시장에 진출했다. 초기 모니터 패널 중심으로 성장하다 TV 패널, 태블릿 PC 패널 등으로 급성장하고 있다.

47 3D(Three Dimensions) : 3차원을 뜻하며 입체 영상(Stereoscopy)을 말한다.

48 LTPS(Low Temperature Poly Silicon, **저온폴리실리콘**) : TFT 제품 종류 중 하나로, 비정질 실리콘(A-Si) 기판에 레이저 등을 주사함으로써 물질 특성을 바꾼 것을 말한다. LTPS는 얇고 가벼운 제품을 개발하는 데 유리하며, 휘도가 높고 소비전력이 낮다.

49 AMOLED(Active Matrix Organic Light Emitting Diode, **능동형 유기발광다이오드**) : 유기발광다이오드(OLED)는 전류가 흐르면 빛을 내는 자체발광형 디스플레이를 말한다. 능동형 OLED는 LCD보다 응답속도가 최소 1,000배 이상 빨라 화질이 매우 뛰어나다. 화면 뒤에 백라이트를 사용하는 LCD와 달리 광원이 필요 없고 소비 전력도 LCD에 비해 최대 66%가량 줄일 수 있다.

50 KIET(Korea Evaluation Institute of Industrial Technology, **한국산업기술평가관리**

원) : 산업기술개발에 대한 기획·평가·관리 등의 지원 사업을 수행하도록 설립된 준정부 기관이다.

51 UHD TV(Ultra High Definition TV, **초고해상도** TV) : 70㎜ 영화보다 좋은 화질과 음질을 제공하는 차세대 방송 규격으로 기존의 HDTV보다 16배 높은 화소수(7680×4320)와 10내지 12비트로 색을 표현하고, 컬러 포맷도 4:2:2 이상으로 큰 화면에서 더욱 섬세하고 자연스러운 영상 표현이 가능하다.

52 ITO(Indum Tin Oxcide, **인듐주석산화물**) : 산화인듐(In2O3)과 산화주석(SnO2)이 섞여져 있으며, 일반적으로 90% 산화인듐과 10% 산화주석의 비중을 갖는다. 주로 PDP, LCD 등 디스플레이에 사용되는 투명전극 재료로 사용된다.

53 **그래핀**(Graphene) : 탄소원자들이 벌집 모양으로 얽혀 있는 얇은 막 형태의 나노 소재를 말하며, 인류가 발견한 최초의 '2차원 결정'이라고도 불린다. 강도는 강철의 200배로 다이아몬드와 유사하며 열전도율은 구리의 13배, 전기 전도성은 실리콘의 100배에 달해 다양한 소재로 활용이 가능하다.

54 **탄소 나노튜브**(Carbon Nanotube) : 6각형 고리로 연결된 탄소들이 긴 대롱 모양을 이루는 지름 1나노미터(1나노미터는 10억 분의 1m) 크기의 미세한 분자이다. 탄소원자가 3개씩 결합해 벌집 모양의 구조를 갖게 된 탄소평면이 도르르 말려서 튜브모양이 됐다고 해서 붙여진 이름이다. 강도는 철강보다 100배 뛰어나고, 전기 전도도는 구리와 비슷하며, 열전도율은 다이아몬드와 같다. 속이 비어 있어 가벼우면서도 유연성이 뛰어난 미래형 신소재다.

55 **은나노 와이어**(AgNW, Silver Nano Wire) : 은으로 된 단면의 지름이 나노미터인 극미세선으로 전도성이 뛰어난데다 가늘고 긴 형태로 유연해 플렉시블 전극물질로 주목받고 있다. 은염(AgNO3)을 물에 녹인 뒤 촉매를 넣어 환원시키면서 얻는다.

56 **플래그십 제품**(Flagship Product) : 시장에서 성공을 거둔 특정 상품을 말한다.

57 **증강현실**(AR, Augmented Reality) : 사용자가 눈으로 보는 현실세계에 가상 물체를 겹쳐 보여주는 기술을 말한다. 현실세계에 실시간으로 부가정보를 갖는 가상세계를 합쳐 하나의 영상으로 보여주므로 혼합현실(MR, Mixed Reality)이라고도 한다.

58 **하이엔드**(High-End) : 비슷한 기능을 가진 제품군 중에서 기능이 가장 뛰어나거나 가격이 제일 비싼 제품을 나타내는 용어를 말한다.

59 **로우엔드**(Low-End) : 어떤 회사가 제공하는 상품 중 가장 싼 제품을 말하며 하이엔드(High-End)의 반대말이다.

60 MIT(Massachusetts Institute of Technology, **매사추세츠공과대학교**) : 미국 매사추세츠 주(州) 동부 케임브리지에 있는 과학기술계의 사립 종합대학교를 말한다.

61 **빅데이터**(Big Data) : 디지털 환경에서 생성되는 데이터로 그 규모가 방대하고, 생성 주기도 짧다. 수치 데이터뿐 아니라 문자와 영상 데이터를 포함하는 대규모 데이터를 말한다. 빅데이터는 사람들의 행동은 물론 생각과 의견까지 분석하고 예측할 수 있다.

62 **피드백**(Feedback) : 어떤 원인에 의해 나타난 결과가 다시 원인에 작용해 그 결과를 줄이거나 늘리는 '자동 조절 원리'를 말한다.

63 **크라우드 펀딩**(Crowd Funding) : '대중으로부터 자금을 모은다'는 뜻으로 소셜 미디어나 인터넷 등의 매체를 활용해 자금을 모으는 투자 방식이다. 자금이 없는 예술가나 사회활동가 등이 자신의 창작 프로젝트나 사회공익프로젝트를 인터넷에 공개하고 익명의 다수에게 투자를 받는 방식을 말한다.

64 **인큐베이터**(Incubator) : 미숙한 신생아를 키우듯 갓 창업한 소기업의 성장을 돕는 업체를 말한다.

65 **핀테크**(FinTech) : 금융(financial)과 기술(technique)의 합성어로 모바일 결제 및 송금, 개인자산관리, 크라우드 펀딩 등 '금융·IT 융합형 산업'을 말한다.

66 **액셀러레이터**(Accelerator) : 창업 아이디어나 아이템만 존재하는 단계의 신생 스타트업을 발굴해 업무 공간이나 마케팅, 홍보 등 비핵심 업무를 지원하는 역할을 하는 단체를 이른다. 벤처 인큐베이터와 비슷한 개념이지만, 조금 더 초기 단계에 있는 창업기업을 벤처 단계로 성장시키는 역할을 한다는 점에서 차이가 있다.

67 **저전력** ARM(Advenced RISC Machine) : 1985년 영국의 에이컨컴퓨터그룹(Acorn Computer Group)이 개발한 마이크로프로세서를 말하며 '저비용 저전력 프로세스'를 말한다. 현재 저전력 ARM은 스마트폰이나 태블릿 등 다양하게 활용되고 있다.

68 **메타버스**(Metaverse) : 가공, 추상을 의미하는 '메타(meta)'와 현실세계를 의미하는 '유니버스(universe)'의 합성어로 3차원 가상세계를 의미한다. 기존의 가상현실(virtual reality)라는 용어보다 진보된 개념으로 웹과 인터넷 등의 가상세계가 현실세계에 흡수된 형태이다.

69 **벤치마킹**(Benchmarking) : 어느 특정 분야에서 우수한 상대를 표적으로 삼아 자기 기업과의 성과차이를 비교하고, 이를 극복하기 위해 그들의 뛰어난 운영과정을 배우면서 부단히 자기혁신을 추구하는 경영기법이다. 즉, 뛰어난 상대에게서 배울 것을 찾아 배우는 것이다.

70 **워킹 그룹**(working group) : 상위 조직에서 정한 주제나 목적에 따라 실제적으로 구체적인 일을 하는 조직을 말한다.

산업전쟁 5(Industrial War The Five)

초판 1쇄 2015년 2월 27일

지은이 한국디스플레이산업협회 · ADL KOREA · 매일경제TV
펴낸이 전호림 **편집총괄** 고원상 **담당PD** 이영인 **펴낸곳** 매경출판㈜
등　록 2003년 4월 24일(No. 2-3759)
주　소 우)100-728 서울특별시 중구 퇴계로 190 (필동 1가) 매경미디어센터 9층
홈페이지 www.mkbook.co.kr
전　화 02)2000-2610(기획편집) 02)2000-2636(마케팅)
팩　스 02)2000-2609 **이메일** publish@mk.co.kr
인쇄 · 제본 ㈜M-print 031)8071-0961

ISBN 979-11-5542-220-5(03300)
값 14,000원